Edition Polyphon

[TRANSVERSALIA]

Horizontes con versos
Horizonte in verkehrten Versen

Rike Bolte und Ulrike Prinz (Hg.)

[TRANSVERSALIA]
Horizontes con versos
Horizonte in verkehrten Versen

Quartheft 31 // Edition Polyphon
ISBN: 978-3-940249-50-0

© 2011 Verlagshaus J. Frank | Berlin
Greifswalder Straße 39 // 10405 Berlin
Alle Rechte vorbehalten.

www.belletristik-berlin.de

Herausgegeben von // Rike Bolte (künstlerische und redaktionelle Leitung) und Ulrike Prinz
Coverillustration // Mónica Alvarez Herrasti
Konzeption, Gestaltung, Satz // Dominik Ziller
Schriften // Novel Pro / Quister 5—14
Buchdruck und -bindung // SDL Buchdruck, Berlin / Printed in Germany, 2011
Papier // 90 g/m² Alster Werkdruck / 1,5 Vol.

Weitere Titel in der Edition Polyphon:

Q30 // ZEITKUNST. Johannes CS Frank & Aurélie Maurin (Hg.)

Q29 // LAKRITZVERGIFTUNG. juicy transversions. GEDICHTE. Crauss.

Alle Rechte vorbehalten. Das Werk, einschließlich aller seiner Teile sowie der Illustrationen, ist urheberrechtlich geschützt. Jede Verwertung außerhalb der engen Grenzen des Urheberrechtsgesetzes ist ohne Zustimmung des Verlages, des Autors und des Künstlers unzulässig und strafbar. Das gilt insbesondere für Vervielfältigungen, Lesungen, Vertonungen, Übersetzungen, Mikroverfilmungen und die Einspeicherung und Verarbeitung in elektronischen Systemen.

TRANSVERSALIA
Herausgegeben von / editado por Rike Bolte + Ulrike Prinz

TRANSVERSALIA +++ eine von Rike Bolte ausgeheckte und zusammengestellte Sammlung +++ 20 poetische Tandems +++ zwischen deutschen und lateinamerikanischen Dichtern und Dichterinnen +++ die ersten 8 Tandems erschienen bereits in der Zeitschrift HUMBOLDT und wurden dort von Ulrike Prinz betreut +++ das besondere Merkmal der Tandems: der ‚telegraphische' Austausch der Autoren und Autorinnen +++ jeder Autor und jede Autorin antwortet auf das Gedicht des Tandempartners mit einem poetischen Telegramm +++ das besondere Merkmal dieses Buches: es bündelt die bislang in verschiedenen Ausgaben der HUMBOLDT erschienenen Tandems und fügt weitere 12 hinzu +++ alles setzt sich fort +++

TRANSVERSALIA+++ la compilación de un proyecto concebido y realizado por Rike Bolte +++ 20 tándems poéticos entre autores y autoras de Alemania y Latinoamérica +++ los primeros tándems aparecieron anteriormente en la revista HUMBOLDT bajo el cuidado de Ulrike Prinz +++ característica distintiva de estos tándems: el intercambio 'telegráfico' entre los autores y las autoras +++ cada autor y autora responde al poema de su compañero/a de tándem con un telegrama poético +++ característica distintiva de este libro: recopila los tándems publicados hasta ahora en varias ediciones de HUMBOLDT y adjunta 12 tándems más +++ todo continúa +++

INHALT
ÍNDICE

INHALT / ÍNDICE

Autoren & Autorinnen / Autores & Autoras		THEMEN / TEMAS Tandems / Tándems +++ Telegramme / Telegramas +++
		REVOLTEN / REVUELTAS
Adrian Kasnitz	016 017 024 025	Und wo warst du Y dónde estabas +++ Gleichzeitigkeit der Geschichte +++ +++ simultaneidad de la historia +++
Fabián Casas (Argentinien)	020 022 018 019	Pogo Pogo +++ versos que flamean +++ +++ Verse die flattern +++
		VERSCHWINDEN / DESAPARICIONES
Ann Cotten	026 028 034 035	Joghurt Yogurt +++ noch fluss der durchs gras kommt +++ +++ ni río que por la hierba venga +++
Roxana Crisólogo (Peru)	032 033 030 031	Campo Santo Friedhof +++ El yogurt enajena +++ +++ Joghurt entfremdet +++
		FREUNDSCHAFTEN / AMISTADES
Odile Kennel	036 037 042 043	Zum Glück kam der Nebel Por suerte vino la niebla +++ und ja, we were so young then+++ +++ y sí, we were so young then +++
Angélica Freitas (Brasilien)	040 041 038 039	louisa, por que não me googlas? warum googelst du mich nicht, louisa? +++ por sorte, jesus usava esmalte +++ +++ zum glück trug jesus lack +++
		KLIMA / CLIMA
Nora-Eugenie Gomringer	044 045 050 051	Bett Cama +++ stehen der massiven Eisegalität des Polarkreises gegenüber +++ +++ confrontado con la egalidad gélida del círculo polar +++
Carolina Jobbágy (Argentinien)	048 049 046 047	Parotiditis Mumps +++ Un témpano a la deriva se derrite +++ +++ Eine davondriftende Eisscholle zerschmilzt +++
		ÜBERSETZUNGEN / TRADUCCIONES
Nora Bossong	052 053 058 059	Ziegenmelker Chotacabras +++ Wie lassen sich die Tiere übersetzen? +++ +++ ¿Cómo traducir a las bestias? +++
Luis Felipe Fabre (Mexiko)	056 057 054 055	Bestiario político Politische Tierkunde +++ un fenómeno mundial como la crisis +++ +++ ein weltweites Phänomen, wie die Krise +++

INHALT / ÍNDICE

UNABHÄNGIGKEITEN / INDEPENDENCIAS

Harriet Grabow	060	**Dieses Stück Land gehört jetzt mir**
	061	**Este pedazo de tierra ahora me pertenece**
	068	+++ Es war immer schon jemand vor einem da +++
	069	+++ Siempre se es precedido por alguien +++
Paúl Puma (Ecuador)	064	**Guamán Poma de Ayala (Fragment)**
	066	**Guamán Poma de Ayala (Fragmento)**
	062	+++ como se deslumbra y sacia el animal +++
	063	+++ wie das Tier erst staunt und sich dann satt isst +++

KRISEN / CRISIS

Monika Rinck	070	**Vom fehlen der pferde**
	071	**De la falta de caballos**
	076	+++ Und wenn der Hut passt: Trag ihn +++
	077	+++ Y si el sombrero te queda: póntelo +++
Yanko González (Chile)	074	**Robert & Jules**
	075	**Robert & Jules**
	072	+++ Así rozar: acopiar las crines +++
	073	+++ So reiben: Haare anhäufen +++

VERMITTLUNGEN / MEDIACIONES

Jinn Pogy	078	**Palenquita, Palenquita**
	080	**Palenquita, Palenquita**
	088	+++ Kleingedrucktes und Statistik, unter denen alles versalzt +++
	089	+++ Letras pequeñas y estadística, bajo las cuales todo se pasa de sal +++
Mayra Santos-Febres (Puerto Rico)	084	**Ah mi Morenita, cae**
	086	**Ah, meine Morenita, falle**
	082	+++ Exilio, supervivencia, anonimato +++
	083	+++ Exil, Überleben, Namenslosigkeit +++

KOSTPROBEN / DEGUSTACIONES

Jan Wagner	090	**(quittenpastete)**
	091	**(pastel de membrillo)**
	096	+++ dort im süppchen! +++
	097	+++ ¡ahí en la sopita! +++
Sergio Raimondi (Argentinien)	094	**Hoy Cocina Matsuo Basho**
	095	**Heute kocht Matsuo Basho**
	092	+++ recoger, cortar, deshuesar, exprimir, azucarar +++
	093	+++ sammeln, schneiden, entkernen, auspressen, zuckern +++

RESSOURCEN / RECURSOS

Tom Schulz	098	**Alleinstellungsmerkmale unter Apfelbäumen**
	100	**Caracteres distintivos entre manzanos**
	106	+++ kein Anschluss unter dieser Galaxie +++
	107	+++ no es posible establecer connexión con esta galaxia +++
Luis Chaves (Costa Rica)	104	**Escenario Shell**
	105	**Shell-Szenerie**
	102	+++ Cavar hacia arriba +++
	103	+++ Nach oben schaufeln +++

INHALT / ÍNDICE

		TIERE / ANIMALES
Uljana Wolf	108	an die kreisauer hunde
	109	a los perros de kreisau
	114	+++ Die Wörterbücher der Verstreuung, sie gelten uns +++
	115	+++ Los diccionarios de la dispersión, ellos nos corresponden +++
Pablo Thiago Rocca (Uruguay)	112	pronombre
	113	pronomen
	110	+++ ladrido y lobo a la vez +++
	111	+++ Gebell und Gewölf gleichzeitig +++
		BLUMENSPIELE / JUEGOS FLORALES
Silke Scheuermann	116	Tulpe
	118	Tulipán
	126	+++ Aber was kommt? +++
	127	+++ Pero ¿qué viene después? +++
Bárbara Belloc (Argentinien)	122	Idilio
	124	Idyll
	120	+++ se puede observar cada tropismo +++
	121	+++ lässt sich jeder Tropismus verfolgen +++
		KONTEMPLATIONEN / CONTEMPLACIONES
Swantje Lichtenstein	128	[hintenherum]
	129	[por atrás]
	134	+++ Maximal://Zorngeräusche +++
	135	+++ Maximal://Ruido a ira +++
Benjamín Chávez (Bolivien)	132	Minimal
	133	Minimal
	130	+++ O no hay nada que ver respecto de nosotros en derredor +++
	131	+++ Oder ist um uns herum nichts über uns zu sehen +++
		FLUCHTEN / FUGAS
Johanna Melzow	136	vielleicht schon bald frühling
	138	puede que ya pronto primavera
	146	+++ tod kommt nah vielleicht ein bild +++
	147	+++ quizá se acerque la muerte quizá una imagen +++
Marília García (Brasilien)	142	plano b
	144	plan b
	140	+++ o cartão chegando em bits +++
	141	+++ die postkarte kommt in bits +++
		ZWIESPÄLTE / DISCORDIAS
Mikael Vogel	148	Schizoide Gedichte für eine alte schizoide Liebe
	149	Poemas esquizoides para un viejo amor esquizoide
	154	+++ Auch ich liebte einmal eine Grapefruit +++
	155	+++ También yo una vez amé a un pomelo +++
Martín Gambarotta (Argentinien)	152	Cuando se corta ...
	153	Wenn man zum ersten Mal ...
	150	+++ ¿Es el matrimonio matemática? +++
	151	+++ Ist die Ehe Mathematik? +++

INHALT / ÍNDICE

VERWEISE / ADVERTENCIAS

Norbert Lange	156	**#2**
	157	**#2**
	164	+++ Ein Fenster dazwischen könnte das Wort „Patios" sein +++
	165	+++ La palabra "patios" podría ser una ventana intermedia +++
Julián Herbert (Mexiko)	160	*Graffiti* (I)
	162	*Graffiti* (I)
	158	+++ lo que veo no es alemania dos puntos lo que veo es suave patria +++
	159	+++ was ich sehe ist nicht deutschland doppelpunkt was ich sehe ist süßes heimatland +++

MNEMOTECHNIKEN / MNEMOTECNIAS

Dominic Angeloch	166	**MNEME**
	168	**MNEMEA**
	176	+++ surren „Schneeräummaschinen"+++
	177	+++ zumban „máquinas para limpiar la nieve" +++
Rocío Silva Santisteban (Peru)	172	*La máquina de limpiar la nieve*
	174	*Die Schneeräummaschine*
	170	+++ Empezar in medias res +++
	171	+++ In medias res zu beginnen +++

HALBSCHATTEN / PENUMBRAS

Florian Voß	178	Nacht Nukleus Eins
	179	Noche Núcleo Uno
	184	+++ Ich habe einen unschuldigen Namen +++
	185	+++ Tengo un nombre inocente +++
Verónica Viola Fisher (Argentinien)	182	*En otro idioma mi primer apellido es un color*
	183	*In einer anderen Sprache ist mein erster Nachname eine Farbe*
	180	+++ hasta que puedan apagarse las pupilas +++
	181	+++ bis die Pupillen ausgeschaltet werden können +++

PORTRÄTS / RETRATOS

Ruth Johanna Benrath	186	*Selbstbildnis*
	187	*Autorretrato*
	192	+++ Willkommen, sister! +++
	193	+++ ¡Bienvenida, sister! +++
Juana Adcock (Mexiko)	190	*Hitherto*
	191	*Hitherto*
	188	+++ los granitos intercorsos del hourglass +++
	189	+++ die intercorsierten Körnchen des hourglass +++

RAUMFAHRTEN / VIAJES ESPACIALES

Simone Kornappel	194	*3 etagen raumanzug*
	195	*traje espacial de 3 pisos*
	299	+++ viel ach im index +++
	201	+++ mucho ay en el índice +++
Andira Watson (Nicaragua)	198	*Saturday Night*
	199	*Saturday Night*
	196	+++ Me gustó la cacofonía de los high heels ...
	197	+++ Mir hat die Kakophonie der High Heels gefallen ...

LETZTE TELEGRAMME / ÚLTIMOS TELEGRAMAS

	204	LEBEN & SCHREIBEN / VIDAS Y ESCRITURAS

GLOSSAR / GLOSARIO

	214	QUELLEN, COPYRIGHTS & CO. / FUENTES, COPYRIGHTS & CO.
	220	FÖRDERUNG & DANK / SUBSIDIOS Y AGRADECIMIENTOS

TRANSVERSALIA

REVOLTEN / REVUELTAS
Adrian Kasnitz

Und wo warst du

Und wo warst du, als die Lichter brannten
groß und gierig, alles zu bescheinen
Die Straßen waren belebt, da liefen welche
in die Nacht und sangen lauter als erlaubt
Und wo warst du, die ersten Schüsse
in den Nachrichten, die Parolen gleichauf
Ein einsamer Weg, fernab in den Wäldern
mit der gesunden Röte einer Schwangeren

(für I. K.)

Y *dónde estabas*

Y dónde estabas, cuando las luces ardían
grandes y hambrientas, alumbrándolo todo
Las calles estaban animadas, por ahí caminaban algunos
hacia la noche y cantaban más alto de lo permitido
Y dónde estabas, los primeros tiros
en las noticias, las consignas a la misma altura
Un camino solitario, perdido en los bosques
con el sano rubor de una embarazada

(para I. K.)

+++ "Y dónde estabas": versos que flamean como si fueran una bandera de la desesperación +++ me recuerdan mucho a la sensación que existe ahora en mi país +++ rodeado de piquetes, violencia y protagonismo estéril +++ que te obliga a buscar los seres queridos entre la multitud +++ para conseguir un anclaje emocional +++

+++ „Und wo warst du": Verse die flattern wie ein Flagge der Hoffnungslosigkeit +++ sie erinnern mich an die Stimmung, die gerade in meinem Land herrscht +++ wo Streikposten, Gewalt und steriler Protagonismus herrschen +++ die dich zwingen in der Menge nach deinen Liebsten zu suchen +++ um einen emotionalen Halt zu finden +++
(r.b.)

Pogo

Sentados los cuatro, frente a platos calientes,
necesitamos avanzar. Es esto
lo que quería decir?
El balcón, a tus espaldas
da sobre un corazón de manzana
donde la luna ilumina techos y cables.
Sacudida por el viento,
la ropa colgada produce aplausos secos
para nadie.

¡Los pensamientos brotan de mi cabeza
como el sudor!

Bajo el cálido cono de luz,
el brillo de los cubiertos
y tintinear de vasos y botellas
cometimos la estupidez
de recurrir al mito para ordenar el mundo.

"Lo único que podemos hacer
–dice él– es superar a nuestros padres".
Y yo digo "sí, sí" y mastico
un pedazo de carne seca.

Nos ponemos tensos. ¿Y ella?
Devorada por el perro de la maternidad
ya no puede articular palabra.
Deberíamos irnos, pero no podemos.

Pienso en la rutina de los parques,
los besos, los paseos al aire libre,
la oscuridad del cuarto
en el que mis viejos se convirtieron en hermanos.

Los días se apilaron entre algodones
como pastillas en un frasco.
"¿No van a venirnos a visitar más seguido?
¿Lo pasaron bien? ¿No te molestó
que te dijera esas cosas?"
"No", digo. El violín finísimo
de un mosquito orbita mi cabeza.
¿Cómo pudo escapar del invierno?
¿Cómo podremos alguna vez
escapar de este cuadro?

Distribuímos nuestro tiempo
entre el miedo a la muerte y el miedo
a los demás; la gramática
incomprensible de una reunión de amigos.

Pongámonos los sacos,
saludémonos, deseémonos suerte
y salgamos a la calle

REVOLTEN / REVUELTAS
Übertragen von / Traducido por Timo Berger

Pogo

Wir sitzen zu viert vor dampfenden Tellern,
wir müssen weiter kommen. Wollte ich
das sagen?
Der Balkon hinter dir
zeigt zur Mitte des Häuserblocks,
wo der Mond auf Dächer und Kabel scheint.
Vom Wind geschüttelt,
spendet die aufgehängte Wäsche trockenen Beifall
für niemanden.

Die Gedanken perlen von meiner Stirn
wie Schweiß!

Unter dem heißen Lichtkegel,
dem Glänzen des Bestecks
und Klirren der Gläser und Flaschen
begehen wir die Dummheit,
auf den Mythos zurückzugreifen, um die Welt zu ordnen.

„Das einzige, was wir tun können
– sagt er – ist, über unsere Eltern hinwegzukommen".
Und ich sage „ja, ja" und kaue
ein trockenes Stück Fleisch.

Wir fühlen uns angespannt. Und sie?
In den Fängen der Mutterschaft
kommt ihr kein Wort mehr über die Lippen.
Wir sollten gehen, können aber nicht.

Ich denke an die Routine der Parks,
die Küsse, die Spaziergänge unter freiem Himmel,
an das dunkle Zimmer,
in dem meine Alten Geschwister wurden.

Die Tage häufen sich zwischen den Kissen,
wie Tabletten in einem Röhrchen.
„Werdet Ihr uns öfters besuchen kommen?
Hat es Euch gefallen? Hat es dich nicht gestört,
dass ich dir diese Sachen gesagt habe?"
„Nein", sage ich. Die leise Violine
eines Moskitos umrundet meinen Kopf.
Wie konnte es dem Winter entkommen?
Wie werden wir einmal
dieser Szene entkommen?

Wir verteilen unsere Zeit
auf die Angst vor dem Tod
und die Angst vor den anderen;
die unverständliche Grammatik
eines Treffens unter Freunden.

Lasst uns die Jacken anziehen,
uns verabschieden, uns Glück wünschen
und hinaus auf die Straße gehen
unter dem bequemen Mantel
der Psychologie.

+++ „Das einzige, was wir tun können, ist über unsere Eltern hinwegzukommen" +++ Ein Satz aus Fabián Casas Gedicht „Pogo", der stellvertretend für die Emanzipation der jeweiligen Jugend von der Ordnung der jeweiligen Eltern steht +++ Ein wiederkehrender Prozess, der bei jeder Generation neu ausgehandelt wird +++ Mag 1968 als besonderes Jahr wahrgenommen werden, ist es darin doch nicht anders +++ Immerhin steht das Jahr für ein spezielles Phänomen +++ für Einschnitte in die Gesellschaft +++ Aber in welche Teile davon? +++ Zweifellos gibt es die Gleichzeitigkeit der Geschichte +++ Übernehmen hier die aus bürgerlichen Familien stammenden jungen Erwachsenen die Moralvorstellungen des als verpönt geltenden Arbeitermilieus, um die eigene Familie zu verstören, plätschert das Leben auf dem Lande, in der Provinz wie eh und je +++ Dort gelten andere Einschnitte, andere Zäsuren +++

+++ "Lo unico que podemos hacer es superar a nuestros padres" +++ Frase que pone de manifiesto la fuerza emancipatoria de la juventud frente a los padres +++ Un proceso que se repite y en el cual cada generación se negocia de nuevo +++ Aunque el 68 se entienda como una fecha singular no es diferente +++ De todas maneras representa un fenómeno específico +++ incisiones sociales +++ Pero ¿en qué partes? +++ Sin duda existe la simultaneidad de la historia +++ Mientras que los jóvenes adultos provenientes de las familias burguesas optan por las convicciones morales de la estigmatizada clase obrera para molestar a sus propias familias, la vida en el campo, en la provincia sigue su rumbo +++ Allí las incisiones son otras +++
(r.b.)

Joghurt

Wenn wir krank sind, bleiben wir zuhause
doch wenn wir gesund sind, bleiben wir auch zuhause
nur manchmal gehen wir Wege
und denken uns aus, warum wir das tun

sei es Unruhe von innen
oder Sonneneinstrahlung von draußen
oder dass etwas für uns fehlt, oder dass etwas
draußen zwar nicht zuviel ist, aber dennoch
an Leute wie dich und mich, die auf
die Außenwelt angewiesen bleiben, abgegeben
werden kann:

Mini-Eimer.
Halb kaputte Bügeleisen.
Der schräge Flug einer Taube
oder zwei oder mehrerer Tauben
etcetera etcetera.

Freunde weigern sich uns zu besuchen
sie wissen es gibt zuviel Grappa hier
seit Jahrzehnten knietief in Grappa
mäkeln wir unsere Zeit

hören Musik, die uns gut tut
und hören Musik, die uns krank macht
und freuen uns wie sehr wir krank sind und schütteln
die Mähne über unseren Kopf

Und am Ende bleibt immer die Frage
ob Joghurt gut oder schlecht ist
das hat nichts mit der vergangenen Zeit zu tun,
aber
essen wir es, weil wir sterblich sein wollen
oder
essen wir es, weil wir unsterblich sind?
ohne es genau zu wissen löffeln wir
es, wenn man es uns in die Hände drückt,
vorsichtig aus wie ein Kind.

VERSCHWINDEN / DESAPARICIONES
Übertragen von / Traducido por *Rery Maldonado*

Yogurt

Cuando estamos enfermos, nos quedamos en casa,
pero también cuando estamos sanos, nos quedamos en casa,
sólo a veces hacemos caminos
e inventamos und porqué

sea turbación interna
o radiación solar de afuera
o que nos falte algo o que algo,
aunque afuera no sobre, sin embargo
a personas como tú y yo, que
dependemos del mundo exterior, pueda
serles entregado:

baldes diminutos.
Planchas medio rotas.
El vuelo curvo de una paloma
o de dos o más palomas
etcétera etcétera.

Los amigos se niegan a visitarnos
 saben que aquí hay demasiada grapa
hace decenios hasta las rodillas hundidos en grapa
impugnamos nuestro tiempo

escuchamos música que nos hace bien
y escuchamos música que nos enferma
y nos alegramos por lo enfermos que estamos y sacudimos
la melena sobre nuestra cabeza

Y al final queda siempre la pregunta
si el yogurt es bueno o malo
 eso no tiene nada que ver con el tiempo transcurrido,
pero
comámoslo, porque queremos ser mortales
o
comámoslo porque somos inmortales
sin saberlo bien, lo cuchareamos
cuando alguien lo pone en nuestras manos,
con cuidado, como un niño.

VERSCHWINDEN / DESAPARICIONES
Telegramm / Telegrama *Crisólogo - - - Cotten*

+++ una muchacha cuchareando su plato de yogurt +++ como si eso fuera lo único que ocurre en el mundo y el mundo fuera un planeta, al otro lado de la calle, que a veces se visita +++Ahí, del otro lado del espejo, sólo le suceden cosas malas o extrañas a los otros +++ Se refunfuña de una historia que se hace polvo como el paso indiferente de los días +++ El yogurt enajena, la soledad se hace cuerpo en lo que no podemos tocar +++ Comedia negra, cuento chino, nada tiene que ver con el tiempo que transcurrirá indolente, impenetrable +++

+++ ein Mädchen, das seine Schale Joghurt auslöffelt +++ als wäre dies das einzige, was auf der Welt geschieht und die Welt ein Planet auf der anderen Seite der Straße, der hier und da besucht wird +++ Dort, auf der anderen Seite des Spiegels, widerfährt nur den anderen Merkwürdiges oder Schlechtes +++ Man quengelt über eine Geschichte, die zu Staub zerfällt wie die gleichgültig vergehenden Tage +++ Joghurt entfremdet, die Einsamkeit nimmt im Unberührbaren Gestalt an +++ Schwarze Komödie, Märchen, das nichts zu tun hat mit der Zeit, die auf teilnahmslose, undurchdringliche Weise vergehen wird +++
(r.b.)

Camposanto

precisamente ahora que el sol agrede
es la boca del horno y dejo   me dejo
envolver por sus carbunclos fogonazos
alguien atiza la brisa y siento el carbón
del corazón como una fruta pelada

en el pecho   también escucho el vals del mediodía
corro de las sombras distorsionadas del cuarto
cuento las flores como minutos secos los
fantasmas de las paredes   boca arriba

exhaustamente digo exhaustamente digo por qué no
así los días van   un segundo de mil y tanto
                                      desencuentro
                                      y no hay don
que certifique ni reclamo que se oiga ni río
                                      en la hierba
tía   que venga de consuelo   tío
que venga de consuelo   eres irrecuperable amor
hermano   así lo siento

VERSCHWINDEN / DESAPARICIONES
ÜBERTRAGEN VON / TRADUCIDO POR Rike Bolte

Friedhof

gerade jetzt wo die sonne zuschlägt
das maul des ofens und ich lasse es zu   ich lasse
mich einwickeln von seinen karfunkeln mündungsfeuern
jemand schürt die glut und ich spüre die kohle
des herzens wie eine geschälte frucht

in der brust   dazu lausche ich dem mittags-vals
flüchte vor den verzerrten schatten im zimmer
zähle die blumen wie trockene minuten die
gespenster in den wänden rücklings

gründlich ich sage gründlich ich sage wieso nicht
so gehen die tage dahin   eine sekunde von soundsoviel tausenden
                        nichts kommt zueinander
                        und nichts und niemand
der bestätigte noch geschrei das zu gehör käme noch fluss
                                        der durchs gras
tante   die käme zum trost   onkel
der käme zum trost   du bist unwiderruflich verloren liebe
bruder   so dauert es mich

VERSCHWINDEN / DESAPARICIONES
TELEGRAMM / TELEGRAMA Cotten --- Crisólogo

+++Ich habe versäumt, genauer nachzufragen, was hier passiert +++ Hätte sagen müssen, ich lese erst mal diese Frau in Übersetzungen +++ Ich hätte ein anderes Gedicht für Roxana Crisólogo ausgesucht +++ Ich hätte mich um ein ausreichendes Verständnis der Interlinearversion bemüht (also genervt, bis alle Unklarheiten beseitigt gewesen wären) +++ Ich hätte aufklären können, dass mein Gedicht eindeutig von einem Erwachsenen handelt, im Kontext seiner Publikation sogar von einem dicken Mann +++ Es kommen Fetzen bei mir an – beunruhigt, nicht verständlich, aber wirksam als dumpfes Dröhnen: noch fluss der durchs gras kommt // müdungsfeuer // hellauf zerstörer hören da // so dauert es mich // noch da in der brust +++

+++ Se me escapó, tendría que haber investigado más sobre lo que se hace aquí +++ Hubiera tenido que insistir en leer a esta mujer a través de sus traducciones +++ Hubiera elegido otro poema para Roxana Crisólogo +++ Me hubiera tomado más tiempo para entender bien la traducción interlineal (es decir que hubiera molestado hasta eliminar cualquier duda) +++ Y hubiera podido aclarar que mi poema indudablemente trata de un adulto, en el contexto de su publicación inclusive de un hombre gordo +++ Me llegan trozos – de forma inquieta, incomprensible; a la vez me causan un retumbo que tiene su efecto: ni río que por la hierba venga // fogonazos de cansancio // destructores oyen estallantes ahí// así lo siento // aún allá en el pecho +++
(r.b.)

FREUNDSCHAFTEN / AMISTADES
Odile Kennel

Zum Glück kam der Nebel
verspätet. Weiter unten, ich weiß es
genau, schwammen Kaulquappen
in einem Steintrog, Kühe legten
mit bedächtigen Hufen die Adern
des Berges bloß. Über uns kreiste
ein Bussard. Das ist kein

Bussard, sagtest du, aber wir hatten
kein Fernglas und kein englisches
Wörterbuch. Und das Geräusch kam
von den Segelfliegern. Sie rissen die Luft
an sich in gierigen Zügen. Rissen sie aufwärts und

abwärts taumelten unsere Augen
ineinander, bedächtiges Tauchen
der Wörter ins Tal hinab
geschwungen, ausgelotet
von Berg zu Berg.

Zum Glück kam der Nebel verspätet
so dass wir in der Kapelle den
transsexuellen Herrn Jesus
bewundern konnten, lackiert
seine Nägel. So dass unsere Augen
bedächtige Hufe unter unübersetzbaren
Kreisen, so dass unsere
Augen Kaulquappen gleich
im Steintrog schwammen
sich aneinander maßen ineinander
tauchten zum Glück

kam der Nebel verspätet.

FREUNDSCHAFTEN / AMISTADES
ÜBERTRAGEN VON / TRADUCIDO POR *Rery Maldonado*

Por suerte vino la niebla
con retraso. Abajo, lo sé
bien, nadaban los renacuajos en
el bebedero de piedra, las vacas
ponían al descubierto, con sus
pezuñas circunspectas,
las arterias de los cerros. Sobre nosotros
revoloteaba un gavilán. No es

gavilán, dijiste, pero no llevábamos
ni prismáticos ni diccionario
de inglés. Y el ruido provenía de los
planeadores. Rasgaban el aire
en su vuelo codicioso. Disparaban hacia arriba

y hacia abajo tambaleaban nuestros ojos
entrelazados entre sí, precavida zambullida
de palabras columpiando en el valle, balanceadas
de montaña en montaña.

Por suerte vino la niebla con retraso
de manera que pudimos admirar
en la capilla al Señor Jesús transexual,
con las uñas nacaradas. Así que
nuestros ojos, pezuñas circunspectas
bajo círculos intraducibles,
así que nuestros ojos iguales a los renacuajos
nadando en el bebedero de piedra
estudiándose unos a los otros entrelazados
se sumergían por suerte

vino la niebla con retraso.

FREUNDSCHAFTEN / AMISTADES
Telegramm / Telegrama Freitas – – – Kennel

+++ quem escapa ilesa da capela, ilesa da capela do jesus trans? +++ por sorte, a névoa chegou mais tarde +++ por sorte, jesus usava esmalte +++ a névoa atrasou +++ por sorte +++ e odile, nos pireneus, escreveu +++ girinos, vacas, bussards +++ escreveu +++ por sorte +++ e felicidade +++ ainda bem que só depois veio a névoa +++ e odile escreveu este poema +++

+++ wer schafft es heil aus der kapelle, heil aus der kapelle mit dem transsexuellen jesus? +++ zum glück kam der nebel später +++ zum glück trug jesus lack +++ der verspätete nebel +++ zum glück +++ und odile schrieb, in den pyrenäen +++ kaulquappen, kühe, bussarde +++ sie schrieb +++ zum glück +++ ein segen tauchte der nebel erst später auf +++ und odile schrieb dieses gedicht +++
(r.b.)

FREUNDSCHAFTEN / AMISTADES
Angélica Freitas

louisa, por que não me googlas?

louisa, fevereiro de 91
em dublin, lembra de mim?
quatro anos de cartas e
cheguei à tua família, que me
tratou como filha, me entupiu
de comida. passeando
nos ônibus verde-ervilha,
como éramos saltitantes.
você gostava dos beatles, eu
gostava dos beatles. Você
gostava de pizza, eu
gostava de pizza.
"e a sinéad o'connor
é uma gênia!", eu bradava
aos passantes.
você discordou, séria.
eu calei, não queria agravantes.
foi porque a cantora careca
rasgou a foto do papa?
você era assim tão católica?
deveria ter dito antes.
louisa, ainda tenho as cartas,
a fita das bananarama
toda enredada. louisa,
por que não me googlas?

FREUNDSCHAFTEN / AMISTADES
ÜBERTRAGEN VON / TRADUCIDO POR Odile Kennel

warum googelst du mich nicht, louisa?

dublin, februar 91
weißt du noch, louisa?
vier jahre schrieben wir uns
deine familie nahm mich
wie eine tochter auf, genudelt
war ich vom vielen essen. keiner
konnte uns stoppen, unterwegs
im erbsengrünen bus.
du standst auf die beatles, ich
stand auf die beatles, du
warst verrückt nach pizza, ich
war verrückt nach pizza.
„und sinéad o'connor
ist genial!" rief ich
den passanten zu. dein „nein"
war ernst gemeint. ich
hielt den mund, wollte keinen streit.
all das, weil die kahlköpfige sängerin
ein bild des papstes zerrissen hatte?
warst du wirklich so katholisch?
hättest du das nicht früher sagen können?
ich habe deine briefe aufbewahrt, louisa
und die bananarama sind längst
bandsalat, warum nur
googelst du mich nicht, louisa?

FREUNDSCHAFTEN / AMISTADES
Telegramm / Telegrama Kennel - - - Freitas

+++ Desilusão desilusão, singt Marisa Monte, und Sinéad O'Connor singt why don't you google me Louisa, aber nein, das schreibt Angélica, und schon wird es ein Lied in meinem Kopf +++ Wäre Louisa Angélica, wenn sie nicht so katholisch wäre? +++ Hätte Angélica Louisa sein können, wenn Louisa sie gewarnt hätte? +++ Deveria ter dito antes, you should you should you should have let the light on, und ja, we were so young then +++

+++ Desilusão desilusão canta Marisa Monte y Sinéad O'Connor canta why don't you google me Louisa, pero no, eso lo dice Angélica, y ya todo se volvió canción en mi cabeza +++ Louisa sería Angélica, sino fuera tan católica? +++ Angélica hubiera podido ser Louisa, si Louisa le hubiera advertido ? +++ Deveria ter dito antes, you should you should you should have let the light on, y sí, we were so young then +++
(r.b.)

Bett

Eine Eisscholle
Die in der Welt treibt
Bis es Licht wird
Und Lärm gibt
Der die Robbenleiber
Zu Menschen schmilzt

Die wieder eingehen in den Kreislauf
Die wässrige Bahn
In den geweiteten Adern der Tage

Hier ruhen die Fische
Knapp unter der Oberfläche
Streuen sich, wenn das Licht sinkt
Zur Jagd finden sich zwei ein
Die gemeinsam lagern

KLIMA / CLIMA
ÜBERTRAGEN VON / TRADUCIDO POR *Gabriel Caballeros + Rike Bolte*

Cama

Un témpano
Que se desliza por el mundo
Hasta hacerse la luz
Y el ruido
Que los cuerpos de las focas
En hombres derrite

Los que regresan al circuito
La líquida vía
En las dilatadas venas del día

Aquí descansan los peces
Apenas bajo la superficie
Se esparcen, cuando la luz se hunde
En la cacería se enfrentan dos
Que acechan juntos

KLIMA / CLIMA
Telegramm / Telegrama Jobbágy --- Gomringer

+++ Recorrer lo escrito +++ De un verso a otro el poema se desliza +++ Un témpano a la deriva se derrite +++ Y en esa deriva deja entrever una imagen desoladora: la de un mundo que muta, deviene páramo +++ Pero también, me trae el recuerdo del final del día +++ Resbalar en la cama +++ Una sábana nos protege +++ Y dentro, la luz blanca +++ Blanda +++ A pesar de los ruidos, las amenazas y un clima hostil, los peces descansan +++ El poema delinea un refugio, un rincón de intimidad +++

KLIMA / CLIMA

+++ Das Geschriebene abschreiben +++ Von einem Vers zum nächsten gleitet das Gedicht +++ Eine davondriftende Eisscholle zerschmilzt +++ Und inmitten dieser Drift lässt sie ein verheerendes Bild sichtbar werden: das einer sich wandelnden, sich in einen Morast verwandelnden Welt +++ Auch aber wird in mir die Erinnerung an das Ende eines Tages wachgerufen +++ Schlittern, im Bett +++ Ein Laken schützt uns +++ Trotz des Lärms, der Bedrohungen, der feindlichen Atmosphäre, ruhen die Fische +++ Das Gedicht entwirft eine Fluchtstätte, einen innigen Ort +++
(r.b.)

Parotiditis

A 530 millas del polo
dos botes
y los náufragos

fueron los ponies
los primeros
en caer

toda su piel escarcha
transpiran y tiritan

los perros
sólo por la lengua

esperar inmóvil
la llegada del día
el cuerpo vuelto al fuego
entre los pliegues de la ropa

cajitas de fósforos

acá es hielo
blanco
apenas
algo celeste

de berlín ya no se habla.

Mumps

530 Meilen vom Pol entfernt
zwei Wracks
dazu die Schiffbrüchigen

die Ponys
fielen
zuerst

ihre Haut wie Raureif
sie schwitzen und zittern

die Hunde
nur über die Zunge

bewegungslos
die Ankunft des Tages abwarten
der Körper kehrt zum Feuer zurück
in Stoffe gehüllt

Streichholzschachteln

hier ist Eis
weiß
kann ins Blau
gehen

von Berlin spricht niemand mehr.

KLIMA / CLIMA
TELEGRAMM / TELEGRAMA Gomringer - - - Jobbágy

+++ Hier harrt alles +++ Ich stelle mir vor, es ist sehr still, alle Bewegungen nahezu eingefroren, wie kurz vor einem gewaltigen Rauschen, einem Ruck +++ Die Welt unter einer Glocke +++ Das sind Bilder des „kurz davor" und des „für immer" +++ Ein Unglück wird geschildert, eine Krankheit, die dahingerafft, Pläne, eine Expedition zum Scheitern gebracht hat +++ Bilder des Feuers, der Infektion, des Fiebers, das Schwelen von Gedanken und menschlichen Zuständen stehen der massiven Eisegalität des Polarkreises gegenüber +++ Was sind die Wege der Menschen hier, wo sich das Eis als die Welt ausmacht? +++ Ich lese in diesem Text eine Absage an die Welt der Menschen, eine gespannte, ja fiebernde Erwartung auf ... ja, worauf? +++ Es bilden sich Eisblumen auf der Haut ... dieses Warten ist tödlich +++

+++ Aquí todo aguarda +++ Me imagino: todo en silencio, los movimientos congelados, como poco antes de un gran ruido, de un estruendo +++ El mundo bajo una campana +++ Imágenes, éstas, de un "antes de" y de un "para siempre" +++ Se relata un desastre, un mal que arrebató planes, y que frustró una expedición +++ Imágenes de fuego, de infección, de fiebre, y el fuego lento de pensamientos y condiciones humanas se ve confrontado con la egalidad gélida del círculo polar +++ ¿Cuáles son las sendas de los seres humanos, aquí, donde el hielo se presenta como el mundo? +++ Leo en este texto una negativa al mundo de los humanos, una ardiente, hasta febril espera de … ¿qué? +++ Sobre la piel aflora escarcha … +++ Esta espera es mortal +++
(r.b.)

ÜBERSETZUNGEN / TRADUCCIONES
Nora Bossong

Ziegenmelker

Durch die Straßen liefen Hunde, beizeiten
wünschte man sich Ziegen herbei, dreimal auch
suchten wir schwarze Katzen, zumindest
das Kopfsteinpflaster wäre Gebirgsersatz.
Wir horchten auf Hufschlage hinter den Fenstern,
da flogen die Nachtschwalben tief und
Ziegenmelker nannte sie einer. Es roch
wie das Haar in der Suppe, als die Ziegen
die Stadt einnahmen. Sie fraßen Blätter, Federn,
Hundeknochen. Es war Herbst, da sich die Ziegen
vor unseren Hausern paarten. Und die Katzen
vergessen und die Nachtschwalben tief. Es war
nur Volksglaube, dass jene Vögel
sich an Ziegenzitzen saugten. Das Zaubern
nur ein schlechter Scherz, und die Welt
war den Ziegen im Bauch geplatzt.
Sie gaben noch Milch drei Tage,
dann waren sie tot.

ÜBERSETZUNGEN / TRADUCCIONES
ÜBERTRAGEN VON / TRADUCIDO POR Timo Berger + Silvana Franzetti

Chotacabras

Por las calles andaban perros, temprano
uno esperaba la llegada de cabras, además tres veces
buscamos gatos negros, si al menos
el empedrado fuera una sustitución de la montaña.
Escuchamos el ruido de las coces que entraba por la ventana,
los caprimúlgidos volaban rasantes por ahí,
alguien los nombró chotacabras. Olía
a pelos en la sopa, cuando las cabras
invadían la ciudad. Devoraban hojas, plumas,
huesos de perro. En otoño las cabras
se apareaban delante de nuestras casas. Y los gatos
olvidados y los caprimúlgidos rasantes. Era
una creencia popular que esos pájaros
se prenden a los pezones de las cabras. La magia
es un mal chiste y el mundo
reventó en la panza de las cabras.
Llegaron a dar leche durante tres días,
después se murieron.

ÜBERSETZUNGEN / TRADUCCIONES
TELEGRAMM / TELEGRAMA Fabre - - - Bossong

+++ Aunque la traducción al español lo llame "chotacabras" y no "chupacabras", aunque en su encarnación mexicana sus colores sean más vivos y violentos mientras que en esta otra más oscuros, sus colmillos, definitivamente, son los mismos +++ Será que el chupacabras es un fenómeno mundial como la crisis +++ Claro que, como ya lo dijimos, con sus matices +++ Más violenta en algunas partes, más oscura en otras +++ Y como dicen Liliana Felipe y Jesusa Rodríguez: "un nauseabundo animal / deja huella colmilluda, / no sabemos si es real / pero que existe no hay duda ..." +++

ÜBERSETZUNGEN/TRADUCCIONES

+++ Auch wenn er in seiner Übersetzung ins Spanische als „chotacabras", als Ziegensauger, und nicht als „chupacabras", Ziegenmelker, bezeichnet wird, auch wenn in seiner mexikanischen Gestalt die Farben lebendiger und gewaltiger ausfallen, in dieser anderen Version aber finstrer, sind seine Beißzähne doch die gleichen +++ Mag sein, dass der Ziegenmelker ein welweites Phänomen ist, wie die Krise +++ Selbstverständlich, wie wir bereits feststellten, mit seinen Besonderheiten +++ In den einen Gegenden ist er gewalttätiger, in den anderen finstrer +++ Und wie Liliana Felipe und Jesusa Rodríguez singen: „ein widerliches Tier / hinterlässt mit Biss 'ne Spur / wir wissen nicht, ist es real / keinen Zweifel aber gibt's – es ist auf Tour ..." +++
(r.b.)

Bestiario político

Chivos, borregos, asnos, vacas, guajolotes: ¡cuidado!
Pequeños ganaderos, campesinos desplazados: ¡alerta!

Alarma:
el Chupacabras,
el pariente pobre del vampiro,
el alebrije diabólico ataca de nuevo.

Es un zorro con alas de murciélago y garras de priista:
dicen unos.

Es una broma con cuerpo de coyote:
dicen otros.

Dicen
los más viejos:
es como don Porfirio pero sin don Porfirio:
el puritito horror sin rostro ni figura ni retrato.

Alarma:
el Chupacabras,
el prestanombres del hambre,
la alegoría más temida del ejido

ha neoliberalizado
sus colmillos: invisibles ahora, otrora un par de balas.

ÜBERSETZUNGEN / TRADUCCIONES
ÜBERTRAGEN VON / TRADUCIDO POR Rike Bolte

Politische Tierkunde

Ziegenböcke, Schafsköpfe, Esel, Kühe, Puten: Aufgepasst!
Ihr kleinen Viehbauern, ihr vertriebenen Landwirte: Acht gehabt!

Alarm geschlagen:
der Chupacabras,
der arme Vetter des Vampirs,
dieses Teufelsgetüm, ist wieder unterwegs.

Fuchs mit Fledermausflügeln und Priisten-Klauen:
behaupten die einen.

Ist ein Scherz in Kojotengestalt:
sagen andere.

Behaupten
die ältesten:
ist wie Don Porfirio ohne Don Porfirio:
reinster Horror ohne Antlitz, Gestalt, noch Abbild.

Alarm geschlagen:
der Chupacabras,
der für den Hunger einsteht,
diese furchteinflößende Allegorie der Bauernschaft

hat ihre Reißzähne
neoliberalisiert: was heute unsichtbar, waren damals ein paar Kugeln.

+++ Wie lassen sich die Tiere übersetzen? +++ Gebockter Schritt, ein Bein nach schleifend, starr +++ Wie lässt sich Kunde übersetzen? +++ Noch starrer, Nosferatu, der arme Vetter des Lugosi +++ Wie lässt sich Politik zum Teufel über- oder untersetzen? +++

ÜBERSETZUNGEN / TRADUCCIONES

+++ ¿Cómo traducir a las bestias? +++ Un paso corcoveado arrastrando una pierna, rígido +++ ¿Cómo traducir información? +++ Más rígida aún, Nosferatu, el pariente pobre de Lugosi +++ ¿Cómo diablos traducir política, cómo tra- o reducirla? +++
(r.b. + c.c.)

Dieses Stück Land gehört jetzt mir

Dieses Stück Land gehort jetzt mir / eine weite Fläche
vor meinen Füßen / Es ist Winter / und hier ist schon
lange nichts mehr gewachsen /

Ich spanne mich vor das Joch / und pflüge Furchen durch
das Land / Es ist Frühling / und in der Erde nur Knochen
und verkohlte Kleider /

Früher habe ich Bücher geschrieben. Jetzt koche ich
Suppe für die Helfer, schlafe in einem Stall, melke morgens
die Ziegen, streue Saatgut in dieses offene Grab
statt auf weißes Papier.

Das Land muss gewässert werden / Es hat keine Erinnerung
und seine eigenen Regeln / Im Sommer / gehen
alle mit gebeugtem Rücken zwischen Unkraut und
grünem Getreide /

Die Ernte kommt mit gleißender Sonne / und dem Geschmack
von Getreidestaub / Im Herbst / kommen auch
die vorherigen Besitzer und reden bei Tisch von den
guten alten Zeiten /

Später einmal werde ich mich fragen, ob es die richtige
Entscheidung war: Sie den Schweinen zum Fraß vorzuwerfen
/ die Sache mit der Vergebung.

UNABHÄNGIGKEITEN / INDEPENDENCIAS
ÜBERTRAGEN VON / TRADUCIDO POR Juan Morello

Este pedazo de tierra ahora me pertenece

Este pedazo de tierra ahora me pertenece / una vasta superficie
bajo mis pies / Es invierno / y aquí hace ya
tiempo que no crece más nada /

Me calzo el yugo / y aro surcos en
el campo / Es primavera / y en la tierra sólo huesos
y ropajes calcinados /

Antes escribía libros. Ahora cocino
sopa para los peones, duermo en un establo, ordeño las cabras por la mañana,
esparzo las simientes en esta fosa abierta
y no en papel blanco.

La tierra debe ser regada / Ella no tiene memoria pero sí
reglas propias / En verano / van todos
encorvados entre la maleza y
el verde trigal /

La cosecha llega con un sol relumbrante / y el sabor
del polvo del cereal / En otoño / vienen también los antiguos
propietarios y conversan en la mesa sobre los viejos
buenos tiempos /

Más tarde me preguntaré si fue correcta
la decisión: echarle margaritas a los cerdos para que las devoren
/ con la cosa del perdón.

+++ Grabow va detrás de su sino como una raíz que despunta en la tierra después de que el árbol la ha nutrido de la madre naturaleza: los frutos de su silencio son vertientes de luz como aquellas palabras que nos deslumbran y después nos sacian así como se deslumbra y sacia el animal contra el agua o el ser humano contra el infinito lapislazuli +++

+++ Grabow ist hinter ihrem Schicksal her wie eine Wurzel, die in die Erde ragt, nachdem der Baum sie aus Mutter Natur genährt hat: die Früchte ihres Schweigens sind Lichtquellen, wie diese Worte, die uns erst in Staunen versetzen und dann sättigen, so, wie das Tier erst staunt und sich satt isst, gegenüber dem Wasser und dem unendlichen Lapislazuli +++
(r.b.)

[fragmento]

Felipe Guamán Poma de Ayala

Y dijiste:

Desearía conocer, entonces, la cifra exacta de las elípticas que realiza la letra p en su vuelo desde lo que no es en el punto espacial y temporal N hasta el punto WTBX333TR de lo que es.

Y,
en sueños,
querías reproducir en la urdimbre de tu memoria un nombre
que suscite hierba verde,
hierba que dé semilla,
semilla que dé árbol,
arbol que dé fruto,
y mientras dormías,
sonreías,
porque el sueño de la memoria existía.

Pero despertaste.

Y al no encontrar ni tan siquiera una noción de tí, nada,
salvo unos poemas tejidos a mano
que tus hermanos llamaban *khipus o ponchos*,
mordiste sal,
te arrancaste los cabellos
y blasfemaste contra Dios y contra Vuestra santidad
y separaste las aguas de tus propias lágrimas.

Entonces,
decidiste quemar sobre las piedras de tus ancestros
cada hilo,
cada línea,
cada texto dibujado o escrito.

Y enjugaste las aguas de tus ojos con tu propio cuerpo,
y contaste las líneas de tus manos que fueron descubiertas
y escuchaste la voz del Mar, el Cielo y la Tierra.

Y llamaste a tu texto *Corónica* como si con eso hubieses
separado la noche del día.

UNABHÄNGIGKEITEN / INDEPENDENCIAS
ÜBERTRAGEN VON / TRADUCIDO POR Rike Bolte

[Fragment]

Felipe Guamán Poma de Ayala

Und Du sprachst:

*Ich wünschte also die exakte Zahl der Ellipsen zu erfahren, die
der Buchstabe p auf seiner Reise vom Raum-
und Zeitpunkt N bis zu dem Punkt WTBX333TR zurücklegt.*

Und
in Träumen
wolltest Du mit der Schmiedekunst Deines Gedächtnisses einen
\ Namen wiedergeben,
der grünes Gras sprießen ließe,
Gras, das Samen trüge,
Samen, der einen Baum hervorbrächte,
Baum, der eine Frucht trüge,
und während Du schliefst,
lácheltest Du,
da es den Traum der Erinnerung tatsächlich gab.

Aber Du wachtest auf.

Und als Du nicht einmal einen Begriff Deiner selbst vorfandst, nichts,
außer ein paar von Hand gewebten Gedichten,
die Deine Brüder *Khipus* nannten oder *Ponchos*,
bissest Du auf Salz,
rissest Dir die Haare aus,
und verfluchtest Gott und Eure Heiligkeit
und trenntest die Wasser, aus denen Deine Tränen waren.

Da
entschiedst Du, auf den Felsen Deiner Vorfahren
jeden Faden
jede Spur
jeden gezeichneten oder geschriebenen Text zu verbrennen.

Und Du wrangst die Wasser aus Deinen Augen
\ mit Deinem eigenen Körper aus,
und zähltest die Linien Deiner Hand, die offengelegt wurden
und hörtest die Stimme des Meeres, des Himmel und der Erde.

Und nanntest Deinen Text *Corónica*, als würdest Du damit
die Nacht scheiden vom Tag.

UNABHÄNGIGKEITEN / INDEPENDENCIAS
Telegramm / Telegrama Grabow - - - Puma

+++ Eine Sache steht fest: Die Koordinaten liegen irgendwo zwischen A und Z +++ Aufbau und Zerstörung +++ Der Rest ist ungewiss +++ Das P steht vielleicht fuer Poetry, ganz vielleicht für Puma oder doch eher für einen Poncho, vielleicht aber auch dafür, dass sich die Dinge nur noch im Plural denken lassen +++ Eine andere Sache, die fest steht: Es war immer schon jemand vor einem da +++ Welcher Weg auch immer zurückgelegt wird +++

+++ No cabe duda: las coordenadas se encuentran entre a y z, afán y zaga +++ El resto es cosa incierta +++ La P quizás ocupe el lugar de Poetry o, con menos probabilidad, el de Puma, o, con más probabilidad, el de un Poncho, o quizas hable de que las cosas ya únicamente puedan ser pensadas en plural +++ Otra cuestión de la cual no cabe duda: siempre se es precedido por alguien +++ Sea cual sea el camino recorrido +++ (r.b.)

Vom fehlen der pferde

sattelt die orgel, peitscht die teiche,
peitscht im weitesten sinn auch die weiher.
gebt den ohren die sporen, vergattert
das parkhaus. treibt zusammen das haar.
beschlagt die verwirrten, flechtet bänder
in eure zähne, fettet den louvre, bürstet
die liebe, klopft schließlich den strich aus
und lockert die häufigsten knäuel.
tuet all dies in ermangelung.

De la falta de caballos

ensillen el órgano, azoten las charcas
azoten también los estanques en el más amplio de los sentidos.
espoleen las orejas, cerquen
el estacionamiento, reúnan los cabellos,
hierren a los confusos, trencen cintas
en sus dientes, engrasen el louvre, cepillen
el amor, sacudan finalmente la crin
y desenreden los nudos más comunes.
hagan todo esto en la escasez.

+++ Cebras: Sobran cebras en el Zoo +++ Y no en tu cama. // Piensa: si sólo +++Tuvieras moza // Si sólo te abrazara +++ Esa mamífera con rayas. // Horizontales, obvias +++ Verticales, bellas. // Así besar: oír el recado que +++ deja la luz entre dos rectas. // Así rozar: acopiar las crines +++ Que dormitan en el velador. // Jaca potro corcel rocín +++ Sobran en tu corral absurdo. // Pero cebras +++

+++ Zebras: Zebras gibts genug im Zoo +++ Und nicht in deinem Bett. // Denk mal: hättste bloß ein Mädel // Wenn es dich nur einfach umarmte +++ dieses Säugetier mit seinen Streifen. // Waagrecht sind sie, offensichtlich. +++ Längs und schön. // So küssen: die Botschaft hören +++ die das Licht zwischen zwei Geraden hinterlässt. // So reiben: Haare anhäufen +++ Die auf dem Nachtischchen vor sich hin dösen. // Stütlein Hengst Ross Gaul +++ gibts genug in deinem absurden Stall. // Aber Zebras +++
(r.b.)

Robert & Jules

La vida, breve y aún así
Nos aburrimos.

Pido unas tijeras que corten
Una ventana que abra
Una viga que sirva

La cuerda que tensa no es una cuerda
Es una tilde sobre la cabeza

Así te enteras que fuiste una grave
Y no una aguda terminada en Ese
Y que la gente que sufre
No tiene por qué ser buena.

La vida, breve
Y aún así nos aburrimos.

Dejar los brazos cansados de su gesto
En juego obligado con la boca
Y las rodillas recordando su genuflexión.

Piensa luz y anota sombra:
Qué es una vida si la miras
Qué es un sombrero si no te queda.

KRISEN / CRISIS
ÜBERTRAGEN VON / TRADUCIDO POR Rike Bolte

Robert & Jules

Das Leben, kurz, und selbst so
Langweilen wir uns.

Ich verlange eine Schere, die schneidet
Ein Fenster, das sich öffnen lässt
Einen Balken, der taugt

Das Seil, das sich spannt, ist kein Seil
Es ist ein über dem Kopf schwebender Akzent

Auf diesem Weg erfährst du, dass du eine ernste, auf der vorletzten
Und nicht eine scharfsinnige, auf der letzten Silbe Betonte
\ und in Diesem S Endende warst.
Und dass die Menschen, die leiden
Nicht unbedingt gut sein müssen.

Das Leben, kurz,
Und selbst so langweilen wir uns.

Die Arme, die es müde sind,
In ewiger Eintracht mit dem Mund zu stehen, lassen,
die Knie erinnern ihren Kniefall.

Denke dir Licht und notiere Schatten:
Was ist ein Leben, wenn du es besiehst,
Was ein Hut, wenn er dir nicht passt.

+++ Es rast, es stoppt +++ Das Rasen kann Trauer, das Stoppen kann Trauer, beides kann beides +++ Sein +++ Ich nehme die Leere als Höhle +++ Ich nehme sie her +++ Ein Balkon wäre schön +++ Schöner wahrscheinlich noch als eine Höhle für die Leere für mich +++ Ein Seil brauche ich nicht +++ Gott versteht mich, er hat mich erschaffen +++ Ich verstehe die anderen, auch die hat Gott erschaffen +++ Wenn wir einander verstehen, verstehen wir Gott +++ Wegen der Kette +++ Der Wesen +++ Und wenn der Hut passt: Trag ihn +++ Sonst ist er nicht dein Hut +++ Sonst ist er nicht dein Hut +++

+++ Desenfrena, frena +++ El desenfreno puede duelo, el freno puede duelo, las dos cosas pueden las dos cosas +++ Ser +++ Tomo el vacío como cueva +++ La acerco hacia mí +++ Sería lindo un balcón +++ Probablemente más lindo que una cueva para el vacío para mí +++ No necesito una soga +++ Dios me comprende, él me creó +++ Comprendo a los otros, a ellos también los creó Dios +++ Si nosotros nos comprendemos, comprendemos a Dios +++ Por la cadena +++ De los seres +++ Y si el sombrero te queda: póntelo +++ Si no, no es tu sombrero +++ Si no, no es tu sombrero +++

(r.b.)

Palenquita, Palenquita

touch me, Od bei Panama, flüster mir von den Wellen am Boca Chica,
von deiner liquid crystal Muschel, von Sand auf Haut, so ganz
im ikonischen Kontrast zu Currydarm und Hygienebeuteln.

touch me, Palenquita, lass mich rein, ich bin vergoldet
ein überdimensionaler App, ein Praecox am Portal Eden,
deine homogene Milch, stillt mich Asphaltflossler

Palenquita, Perlmutter, führ mich raus
aus der Versuchung – a paradisebrightes Spotten, ein weißer Ball
mit dem man nicht spielen kann, o ungeübtes
Scheinabenteuer, alles ist versalzen.

Ich weiß, ich weiß –

meine Welt ist bleiche
Fantasie und Übertreibung.
Ich aß nie Aas nie am Stock
das gecashte Tier hatte nie die Augen im schwarzen
Rohr der heiligen Ausblasung
las nur von Machenschaften, Machetenschäften und Massakrierungen
und sah den Tsunamis im pastperfect zu:

Rewind und Play

and a coffe to stay

reload and play

rewind and pay

das meiste davon ist sowieso Beschwörungstheorie.

Caramba!
Caramba!

ich catche mit dir in diesem RING OF WIRE
Palenquita, Amor,
bleib mir fern

(Palenquita: www.tropicalislandforsale.com)

VERMITTLUNGEN / MEDIACIONES
ÜBERTRAGEN VON / TRADUCIDO POR *Julio Carrasco*

Palenquita, Palenquita

Touch me, joyecita de Panamá, háblame, susurrando,
\ de las olas de Boca Chica,
de tu concha de cristal líquido, de la arena en la piel,
en icónico contraste con la salchicha de tripa de cerdo
\ y las bolsas higiénicas.

Touch me, Palenquita, déjame entrar, me voy en oro
Yo, una APP súperdimensionada, yo, una manzana praecox
\ en el portal del edén
tu leche homogénea me calma, a mí, celacanto de asfalto

Palenquita, madreperla, ponme a salvo
de la tentación – la broma cruel de un paraíso encandilante,
una gran bola blanca con la que no se puede jugar, oh inexperta
aventura ficticia, todo es tan salado.

Claro, claro –

mi mundo es pálido
Fantasía y exageración.
Nunca mordí carroña nunca al espiedo
el animal cazado. Nunca tuve los ojos en el negro
del tubo que se apaga solemne
sólo leí sobre maquinaciones, machetes y masacres
y miraba los tsunamis en pastperfect:

Rewind and Play

and a coffe to stay

reload and play

rewind and pay

la mayor parte de esto, de cualquier modo, un hechizo conspirativo global.

¡Caramba!
¡Caramba!

Te atrapé en este RING OF WIRE
Palenquita, Amor,
mantente lejos de mí

(Palenquita: www.tropicalislandforsale.com)

VERMITTLUNGEN / MEDIACIONES
TELEGRAMM / TELEGRAMA Santos-Febres – – – Pogy

+++ No puede ser casualidad, Jinn, que tu palenquera y mi morenita se parezcan tanto, tengan historias tan similares +++ Exilio, supervivencia, anonimato +++ ¿Llegará el dia del nombre y de la inclusión en la vida para nuestras musas, si es que así pueda llamárseles? +++ ¿Cuándo? +++

+++ Das kann kein Zufall sein, Jinn, dass deine Palenquera und meine Morenita sich so sehr ähneln, so ähnliche Geschichten haben +++ Exil, Überleben, Namenslosigkeit +++ Wird für unsere Musen, wenn man sie denn so nennen kann, der Tag kommen, an dem sie einen Namen erhalten und ins Leben einbezogen werden? +++ Wann?
(r.b.)

[fragmento]

[2.] ah mi morenita cae
        cae hasta el fondo de los pelos del mar
        busca tu sueño   cae
busca tu molusco hambriento a siete manos
ah mi morenita en tiento
y de cristal flaquita
por las acuosas noches sin harina
sin más sal quel salitre
que es el vaho de la sal cuando salmuera
cuando sal-moneda que se exilia   y
        provoca podrirse a la carne de tan poca
                      cae
caspa de carne cae
ras en la cresta de las olas
marea en marea morenita
cae, cae, cae
a darle de comer a todo pez.

[3.] el aire falta, va faltando
y así continúa el viaje hacia
la ciudad ilegal al fondo de los mares.
indocumentado el alveolo
explotando en una canción de melancolía,

[4.] ah si morenita, véndeme tu carne por un beso,
por un papel que diga que naciste,
véndeme tus profundidades de molusco
tus cositas saladas, véndemelas
para la grasa de los griles que te esperan,
para los mapos que van secando el mar de las casas como tumbas,
(el mármol morenita)
y los pelos recortados y pintados de firefighter red
y el arrullo de los helicópteros en medio del mar,
véndemelo todo en esta carne, tan tuya, tan sebo de tiburones, tan tigra
tu carne desvelada en el fondo de las costas
de las embarcaciones que te traen hasta el parking
donde te compro.

VERMITTLUNGEN / MEDIACIONES
Übertragen von / Traducido por Rike Bolte + Carlos Capella

[**Fragment**]

[2.] Ah, meine Morenita, falle
       falle bis auf den Grund der Haare des Meers
such deinen Traum   falle
such deine gierige Molluske siebenhändig
ah meine Morenita tastend
und aus Glas Mädchen
in den mehllosen Wassernächten
mit keinem anderem Salz als der Salzhaut
die der Dunst des Salzes ist wenn es pökelt
wenn Salzgeld ins Exil geht   und
      Fleischverderb bewirkt weil zu knapp
          falle
Fleischschuppe falle
streife Schaumkronen
Gezeiten um Gezeiten Morenita
Falle, falle, falle
allen Fisch füttern

[3.] es fehlt die Luft, fängt an zu fehlen
und so geht die Reise weiter bis
zur illegalen Stadt auf dem Grund der Meere
ausweislos die Alveole
platzt auf in einem sehnsuchtsvollen Lied,

[4.] ah ja, Morenita, verkauf mir dein Fleisch für einen Kuss,
für ein Papier, auf dem es heißt, dass du geboren wurdest,
verkauf mir deine Mollusken-Tiefen
deine Salzleckereien, verkauf sie mir
für das Fett der Grillroste die auf dich warten
für die Mops die das Meer aufwischen aus den Häusern wie Gräber,
(der Marmor Morenita)
und das zurechtgeschnittene Haar firefighter red gefärbt
und das Gurren der Hubschrauber inmitten des Meers,
verkauf mir alles in diesem Fleisch, so sehr du, so sehr Haifischköder,
\so tigerig
dein waches Fleisch im Grunde der Küsten
der Schiffe die dich bis zum Parkhaus bringen
wo ich dich kaufe.

VERMITTLUNGEN / MEDIACIONES
TELEGRAMM / TELEGRAMA *Pogy – – – Santos-Febres*

+++ Ich schaukle auf diesen Wellen, diesen Gezeiten einer Morenita Palenquita, die nicht schwimmen, nicht laufen kann +++ was wird aus ihr in diesen kontaminierten Meeren? +++ Die Sehnsuchtsorte waren einmal Inseln der Erfüllung, es lohnte sich zu schwimmen, man sagte uns, du kannst alle Horizonte erreichen, aber wir lernten lesen: Kleingedrucktes und Statistik, unter denen alles versalzt, erstarrt +++ Ozeane zwischen uns, und doch, liegt das Wasser wie ein Spiegel, glatt und still, als könnten wir unsere Hände ausstrecken und uns durch diesen Spiegel berühren +++

+++ Me balenceo en estas olas, en estas mareas de una Morenita Palenquita que no sabe ni nadar ni caminar +++ ¿Qué será de ella en estos mares contaminados? +++ Los lugares del deseo fueron una vez islas de la realización, valía la pena nadar, nos decían que se podían alcanzar todo los horizontes, pero aprendimos a leer: letras pequeñas y estadística, bajo las cuales todo se pasa de sal, se vuelve rígido +++ Océanos nos separan y sin embargo el agua se ofrece como un espejo, liso y silencioso, como si pudiéramos estirar nuetras manos y tocarnos a través de este espejo +++

(r.b. + c.c.)

(*quittenpastete*)

wenn sie der oktober ins astwerk hängte,
ausgebeulte lampions, war es zeit: wir
pflückten quitten, wuchteten körbeweise
      gelb in die küche

unters wasser. apfel und birne reiften
ihrem namen zu, einer schlichten süße -
anders als die quitte an ihrem baum im
      hintersten winkel

meines alphabets, im latein des gartens,
hart und fremd in ihrem arom. wir schnitten,
viertelten, entkernten das fleisch (vier große
      hände, zwei kleine),

schemenhaft im dampf des entsafters, gaben
zucker, hitze, mühe zu etwas, das sich
roh dem mund versagte. wer konnte, wollte
      quitten begreifen,

ihr gelee, in bauchigen gläsern für die
dunklen tage in den regalen aufge-
reiht, in einem keller von tagen, wo sie
      leuchteten, leuchten.

(pastel de membrillo)

al colgarlos octubre de las ramas,
lampiones, ya era tiempo: cogíamos
membrillos, llevábamos los canastos
      de amarillo a la cocina

bajo el agua. la manzana y la pera
maduraban hasta su nombre, dulzor sencillo,
no como los membrillos en su árbol
      en el último rincón

de mi alfabeto, en el latín del jardín,
duros, de aroma extraño. cortábamos
y deshuesábamos la pulpa (cuatro manos
      grandes, dos pequeñas),

difusamente en el vapor del exprimidor,
dábamos azúcar, calor y esmero a lo que,
crudo, rechaza el paladar. quien podía, quería
      comprender los membrillos,

su jalea en vasos abombados para los
días oscuros, en fila sobre las estanterías,
en un sótano de días donde
      brillaban, brillan.

+++ La potencia del poema de Jan Wagner está entre los dos tiempos verbales del verso final +++ Pero no se trata simplemente de la persistencia de la memoria meticulosa de una actividad familiar: el proceso de hacer jalea de membrillo +++ Se trata en todo caso de reconocer además que para volver a hacer brillar los vasos abombados en el sótano de los días es necesario un poema concebido con el carácter meticuloso, familiar y – sobre todo – artesanal (recoger, cortar, deshuesar, exprimir, azucarar) del proceso de hacer jalea +++

KOSTPROBEN / DEGUSTACIONES

+++ Die Kraft des Gedichts von Jan Wagner liegt zwischen den Zeitworten des letzten Verses. Dabei handelt es sich nicht nur um die Dauer der haargenauen Erinnerung an eine familiäre Tätigkeit: das Bereiten von Quittengelee +++ Es geht in jedem Fall auch darum, dass, wenn die sich im Keller der Tage wölbenden Einmachgläser wieder zum Leuchten gebracht werden sollen, ein haargenau geschaffenes, familiäres und – vor allem – handwerkliches (sammeln, schneiden, entkernen, auspressen, zuckern) Gedicht nötig ist, das der Geleezubereitung gleicht +++
(r.b.)

Hoy Cocina Matsuo Basho

El maestro dijo "pimienta más alas igual libélula",
no al revés, no se trata de sacar alas a la libélula
para abandonar en el aire un aromático grano
que por su propio peso caería, sino de dar vuelo
a la semilla a fin de que alta se eleve desde la mesa.
Pero a veces urge cualquier picante para otorgar
gusto a la salsa que sobre el hornillo hierve
y no hay más que esa libélula o figura de lenguaje
dando vueltas por ahí y hasta molestando un poco.
El maestro, ya con delantal, debería abandonar
la elegancia de la anécdota para tener en cuenta
tanto su propio apetito como el de los comensales;
el juicio poético podrá o no condenar la acción,
pero el estómago sabrá agradecerlo en la cena.
Y no es de extrañar que, de ser la cocción justa,
la digestión se cumpla entre platos, ollas y vapores
con el sentimiento preciado de gracia y levedad.

KOSTPROBEN / DEGUSTACIONES
ÜBERTRAGEN VON / TRADUCIDO POR Timo Berger

Heute kocht Matsuo Basho

Der Meister sagt „Pfeffer plus Flügel gleich Libelle",
nicht umgekehrt, nicht der Libelle die Flügel ausrupfen,
so dass nur die Pfefferkörner in der Luft zurück bleiben und
durch ihre Schwere herunterfallen, sondern dem Samen
Flügel verleihen, damit er hoch aufsteigt vom Tisch.
Nur manchmal ist Schärfe vonnöten, damit die Soße,
die auf dem Herd kocht, an Würze gewinnt.
Und dann bleibt nur jene Libelle oder Sprachfigur,
die über allem schwirrt und vielleicht sogar stören mag.
Der Meister, die Schürze umgebunden, müsste
die Eleganz der Anekdote opfern, wollte er
den eigenen und den Appetit der Gäste ernstnehmen;
die Dichtkunst kann solch Handeln verurteilen
oder auch nicht, der Bauch wird es beim Abendessen danken.
Und es verwundert nicht, dass, bei genauer Zubereitung,
die Verdauung zwischen Tellern, Töpfen und Dämpfen
mit einem wohligen Gefühl von Anmut und Leichtigkeit einsetzt.

KOSTPROBEN / DEGUSTACIONES
TELEGRAMM / TELEGRAMA Wagner – – – Raimondi

+++ wie sie weiterfliegt +++
+++ dort im süppchen! schillernde +++
+++ fettaugenflügel +++

+++ ¡cómo sigue volando! +++
+++ ¡ahí en la sopita! tornasol +++
+++ el ala ojo de grasa +++
(c.c.)

Alleinstellungsmerkmale unter Apfelbäumen

erst opferten wir ein Pferd, dann sangen wir

Baum Blume Gras
leg dich längs auf den Boden
& werde ein Freund der Erde

in den Bankenprospekt schnippten wir
die kleinen Finger, die mit den Wärme
Meldern hakelten, Wärmefelder
aus Butan, sie tauschten

die Tiere in Anteile von etwas
das einen hohen Zaun errichtet hatte
Baum Blume Gras

erst opfern wir eine Tangente, dann singen wir

im Teich die Enten recken die Köpfchen
als stünden sie zur Abstimmung, als würden sie
aus der Welt gewählt

leg dich längs auf den Boden
& werde ein Freund der Erde
Baum Blume Gras

wir schliefen im Gehen
vor & hinter der industriellen
Zone lag ein Verwertungsmodus

Raffinerien, die das Sprudelnde
in Zähes verwandelten, der gelbe
Strom an der Uraltankstelle

Baum Blume Gras
leg dich leicht auf den Boden
& werde zu Erde

sei ein Freund aller Gestirne
die sich drehen & drehen & drehen
um keinen Marktplatz

erst opfern wir eine Muscheltankstelle, dann singen wir

RESSOURCEN / RECURSOS
ÜBERTRAGEN VON / TRADUCIDO POR Carlos Capella

Caracteres distintivos entre manzanos

primero sacrificábamos un Caballo, luego cantábamos

árbol flor pasto
recuéstate en el suelo cuan largo eres
& hazte amigo de la tierra

en el folleto del banco restallábamos
los meñiques, que se enganchaban
en los sensores de calor, zonas cálidas
de butano, trocaban

los animales por una participación en algo
que había levantado un alto alambrado
árbol flor pasto

primero sacrificamos una Tangente, luego cantamos

en el charco estiran los patos sus cabecitas
como si estuvieran sujetos a votación, como si fueran
a elegirlos para salir del mundo

recuéstate en el suelo cuan largo eres
& vuélvete amigo de la tierra
árbol flor pasto

dormíamos caminando
antes y después de la zona
industrial se hallaba una función de aprovechamiento

refinerías que convertían lo espumante
en correoso, la amarilla
corriente junto a la gasolinera de Ural

árbol flor pasto
recuéstate liviano en el suelo cuan largo eres
& vuélvete tierra

sé amigo de todos los astros
que giran & giran & giran
en torno a ninguna plaza de mercado

primero sacrificamos una gasolinera de Ostra, luego cantamos

+++ PRIMERO CONSTRUIMOS UNA CASA (MARINA) LUEGO CANTAMOS: Envigado de cielo: Partir agues +++ Fuerza de Lorentz, metal polos opuestos, corriente Humboldt +++ Ubicar manchas de aceite +++ Nublado nocturno +++ // Cielo invertido: Se dispondrá sobre costaneras de cielo e inmediatamente sobre éste descansará la aislación de poliestireno expandido +++ Cavar hacia arriba +++ // Profundidad: Cuerda metal y nylon +++ Trenzada a temperatura histórica +++ Buques inmóviles a lo lejos, la línea de flotación confundida con la línea de herrumbre +++ Planicie +++ Arpón +++ // Suelos: Móviles. Sobre el terreno rebajado y libre de capas vegetales, se ejecutará apisonado con compactador mecánico vibrador de 50 Kg. de peso como mínimo +++ Tensión atmosférica +++ // Ensayo de reflexión +++ Pendiente a favor, viento en contra +++ Primer día de agosto, asomado por la ventana, esos pájaros convertidos en puntos para unir con el lápiz del cerebro +++ La línea del pensamiento, el mío +++ La línea de flotación +++

+++ ERST BAUTEN WIR EIN HAUS (AM MEER), DANN SANGEN WIR: Himmelsträger: Wasser scheiden +++ Lorentzkraft, entgegengesetzte Pole, Humboldtstrom +++ Ölflecken ausmachen +++ Nächtlicher Nebel +++ // Verkehrter Himmel: Es wird über Himmelsparren verfügen und unmittelbar darauf kommt das Isoliermaterial aus Styropor +++ Nach oben schaufeln +++ // Tiefe: Drahtseil und Nylon +++ Bei historischer Temperatur verdrillt +++ In der Ferne reglos Frachter, die Wasserlinie mit der Rostspur vermengt +++ Flachland +++ Harpune +++ // Böden: Beweglich +++ Auf dem abgesenkten Terrain, ganz ohne Pflanzendecke, wird es aus dem Boden gestampft, mit Betonwalze, Vibration, mindestens 50 Kilo schwer +++ Luftdruck +++ // Gedankenversuch +++ Vorteilhafte Neigung, Gegenwind +++ Erster Tag des August, aus dem Fenster gelehnt, die punktgewordenen Vögel, die mit dem Hirnbleistift zu verbinden sind +++ Meine Gedankenlinie +++ Die Wasserlinie +++
(r.b.)

Escenario Shell

Detenidos en la estación de servicio. Él, con un lápiz Mongol 2 detrás de la oreja, recorre el dial de la radio. Ella, en acto reflejo, lee los mensajes en las paredes del baño "exclusivo para clientes". Kilómetros atrás discutían acerca de los pros y contras de la reencarnación. "Serías una mangosta" dice el conductor, "y vos, un organismo uniceluar" replica ella.

Entre la estática de sermones apocalípticos y comentarios deportivos encuentra algo parecido a música. *Sweet Home Alabama*. Recuerda que de niño lo creía un tema de amor, que luego aprendió inglés y supo que era una canción del Ku Klux Klan. Ahora la escucha en AM y en plena pampa centroamericana. Mientras ella, respirando por la boca, se cuida de mear sin rozar siquiera el inodoro, las paredes; deseando que fuera posible tampoco hacer contacto con el suelo.

RESSOURCEN / RECURSOS
ÜBERTRAGEN VON / TRADUCIDO POR Timo Berger

Shell-Szenerie

An der Tankstelle stehen. Mit einem Bleistift der Marke Mongol 2 hinter dem Ohr dreht er am Radioknopf. Sie liest reflexartig die Sprüche an den Wänden der Toilette „Nur für Kunden". Kilometer vorher diskutierten sie noch über das Für und Wider der Wiedergeburt. „Du würdest als Mungo auf die Welt kommen", sagt der Fahrer. „Und du als Einzeller", erwidert sie.

Im Rauschen von apokalyptischen Predigern und Sportreportern findet er etwas, das Musik recht nahe kommt. *Sweet Home Alabama*. Er erinnert sich: Als Kind hielt er es für ein Liebeslied. Später lernte er Englisch und erfuhr, dass es ein Lied des Ku-Klux-Klans war. Jetzt hört er es auf Kurzwelle mitten in der zentralamerikanischen Pampa. Und sie atmet durch den Mund und bemüht sich, so zu pinkeln, dass sie weder die Kloschüssel, noch die Wände berührt, und wünscht sich am liebsten auch jeden Kontakt mit dem Boden zu verlieren.

RESSOURCEN / RECURSOS
TELEGRAMM / TELEGRAMA Schulz - - - Chaves

+++ Totem-Ticker // oder: kein Anschluss unter dieser Galaxie +++ // Taxis kreisen um Manila, die elektrischen Fahrzeuge +++ // Hybride Ziegen +++ Ich hänge sie an einen Staubsauger +++ //„Standing on the edge of the Hoover dam" +++ // Du warst das Pferdchen +++ Gingst einen Kanister Schlaf holen +++ // "And if the wind from the traffic should blow me away" +++ // Der Wein dunkelt +++ Lorbeer, das Laub über den Domino-//Republiken +++ Ich sah einen Engel schweben über einer Villa // in Mexico-City +++ Engel der Verwüstung +++ // Lieber vernagle ich eine Bananenkiste und gebe vor, Unrecht zu behalten +++

+++ Ticker totémico // o: no es posible establecer connexión con esta galaxia +++ // Taxis en torno a Manilla, eso vehículos eléctricos +++ // Híbridas cabras +++ Las enchufo a una aspiradora +++ // "Standing on the edge of the Hoover dam" +++ // Tú eras el caballito +++ // Fuiste a buscar un bidón de sueño +++ // "And if the wind from the traffic should blow me away" +++ // El vino oscurece +++ Laurel, esas ramas encima de las repúblicas +++ // domino +++ Yo vi flotar un ángel sobre una mansión // en Mexico-City +++ Angel de la devastación +++ // Mejor claveteo un cajón de bananas y finjo salirme sin la razón +++ (c.c.)

TIERE / ANIMALES
Uljana Wolf

an die kreisauer hunde

o der dorfhunde kleingescheckte schar: schummel
schwänze stummelbeine zähe schnauzen am zaun

euch gehört die straße der staub am asphaltsaum
euch die widerhallende nacht im schlafenden tal

jedes echo gehört euch: der zuckende rückstoß
von klang an den hügeln hierarchisches knurren

und bellen in wellen: heraklisch erst dann hünen
haft im abklang fast nur ein hühnchen das weiß:

wer hier nicht laut und geifer gibt den greift sich
die meute in lauffeuer kehlen verliert sich der ort

so mordio etc. vermesst ihr die welt in der senke
beherrscht jeden weg jeden fremden und mich –

euch gehört meine fährte mein tapferes stapfen
euch meine waden   dorfauswärts zuletzt

TIERE / ANIMALES
ÜBERTRAGEN VON / TRADUCIDO POR Vladimir García-Morales

a los perros de kreisau

oh grupo berrendo de perros de pueblo: tramposos
los rabos muñones las patas tenaz berrear en la verja

vuestros son la calle el polvo el borde del asfalto
vuestra la reverberante noche en el valle durmiente

cada eco os pertenece: rebote contraído
del sonido en las colinas jerárquico gruñido

y ladrido ondeante: hercúleo primero álgido luego
se desvanece y es apenas un pajarito que sabe:

quien aquí no ladra ni babea a ese lo agarra la
jauría en el reguero de pólvora se confunde el lugar

clamáis al cielo entonces medís el mundo reináis
en lo hondo sobre cada camino y extranjero sobre mí

vuestros son mi rastro mi brava andanza y al final
vuestras mis pantorrillas   hacia fuera del pueblo

TIERE / ANIMALES
Telegramm / Telegrama Rocca --- Wolf

+++ Éramos perros y mordidos hombres, Uljana, en un círculo de gracia +++ De un lado y del otro de los dientes +++ Teníamos un nombre onomatopéyico que era ladrido y lobo a la vez +++ Yo veía tu historia llover +++ Decías: te recuerdo pasado mañana +++

TIERE / ANIMALES

+++ Wir waren Hunde und gebissene Menschen, Uljana, eingeschlossen in einem Kreis der Gnade +++ Auf der einen wie auf der andere Seite der Zähne +++ Wir trugen einen onomatopoetischen Namen, der Gebell und Gewölf gleichzeitig war +++ Ich sah Deine Geschichte niederregnen +++ Du sagtest: Übermorgen erinner ich mich an Dich +++
(r.b.)

pronombre

en el diccionario del perro
los dientes son todos caninos
la palabra amo desconocida
como el color rojo y el verde

no el verde ni el rojo ni el amo: la palabra
dulzor antiguo entre los ojos
que miran lo bajo
-nunca los ojos mirando a los ojos-

en el diccionario del perro
el pelo es pelo munición abrigo
sin cielorraso ni cucheta
allí donde la luna cobija jardines desconocidos

el olor de la luna cada vez que le decimos "no"
el ojo de la luna entre los dientes
y el ancho batallar del deseo

diente: la palabra vuelta a su sílaba
al silabeo el silbido desde los árboles
inmersos en lo oscuro

en el diccionario del perro la noche
es un pronombre apenas
que la mañana no sabe ni pronuncia

pronomen

im wörterbuch des hunds
sind alle zähne hundezähne
ist das wort herrchen so unbekannt
wie die farben rot und grün

weder das grün noch das rot noch das herrchen: das wort
uralte süße zwischen den augen
die nach unten schaun
niemals schaut das aug ins aug –

im wörterbuch des hunds
ist das haar haar deckung munition
ohne dach überm kopf ohne korb
dort wo der mond unbekannte gärten hegt

und der geruch des monds jedesmal wenn wir „nein" sagen
das auge des monds zwischen den zähnen
der große kampf der lust

zahn: das wort ist zu seiner silbe zurückgekehrt
das silbensprechen das säuseln des walds
der im dunkeln versinkt

im wörterbuch des hunds ist die nacht
gerade mal ein pronomen
das der morgen weder kennt noch in den mund nimmt

TIERE / ANIMALES
TELEGRAMM / TELEGRAMA *Wolf – – – Rocca*

+++ Die Wörterbücher der Verstreuung, sie gelten uns +++ Uns ist ein Plural der Verneinung, Verweigerung: nos / nos +++ Uns steckt in diesen Zähnen fest, caninos: die Fangzähne, Fänge +++ Doch was die Hunde zu fassen bekommen, das lassen sie los, in die Gärten des Mondes +++ Hier ziehn wir umher mit streunenden Augen, Silberblick und einsilbigen Freunden +++ Du sagst: Nur nicht in die Mitte sprechen +++ Das Wort nähert sich von den Rändern, es nährt sich auch +++

TIERE / ANIMALES

+++ Los diccionarios de la dispersión, ellos nos corresponden +++ "Nos" es el plural de la denegación, del rechazo: nos / nos +++ Nos está enganchado a esos dientes, caninos: los dientes de presa, presas +++ Pero los perros, aquello que consiguieron atrapar, vuelven a soltarlo en los jardines de la luna +++ Aquí salimos de ronda, ojos vagabundos, con estravismo y parcos amigos +++ Tú dices: Todo, menos hablar desde el medio +++ La palabra se aproxima desde los bordes, también se aprovisiona +++
(c.c.)

BLUMENSPIELE / JUEGOS FLORALES
Silke Scheuermann

Tulpe

Wenn ich einschlaf,
entfern ich mich nicht aus dem Garten,
ich bleibe weiterhin dort,
nur nicht so sichtbar wir ihr,
Büsche, Hecken, Angestellte des Lichts,
Freunde der Existenz.
Klaglos, da in eurer Logik
Licht, jedes Licht,
Bedeutung hat.

Leiser Neid? Nein, denn, ihr Lieben,
während ich den Schatten erkunde
wiederholt ihr euch im Sonnengebet,
ein Ritus, der euch gefällt,
mir aber langweilig vorkommt.
Das heißt: da ist ein
Abgrund zwischen uns,

ihr seid: immer noch Mädchen für alles,
ich aber: großartiger Importeur.
Kann beim Schatten bestellen,
was ich als Erinnerung will. Hab da die Möglichkeit
endloser Variation. Wisst ihr: Licht, wenn es richtig gleißt,
weiß nichts von Nuancen. Entfärbt vielmehr alles,
hat etwas Einebnendes.

Meine Versprechen sind haltbarer als euer Schnee. Heller.
Ich werde im Frühling zurück sein. In feinem Kleid. Ich komm
euch besuchen und werde leuchten. Versprochen. Und ihr erzählt
mir etwas von mir.

Wie sie mich alle vermissten und langsam begannen,
den Schnee zu hassen, den Frost.
und mich zu beneiden, die ich
warm im Erdreich schlief – einfach
schlief, ein Bewusstsein, das überdauert.

Tulipán

Cuando me duermo
no me marcho del jardín
permanezco allí todavía
aunque no tan a la vista como ustedes
arbustos, setos, empleados de la luz,
amigos de la existencia.
Impasibles, puesto que en su lógica
la luz, cada luz
tiene significado.

¿Envidia silenciosa? No, pues, queridos míos,
mientras yo exploro la sombra
ustedes se repiten en su plegaria al sol,
un rito que les gusta
pero que a mí me parece aburrido.
Es decir: aquí hay un
abismo entre nosotros,

ustedes son: todavía criadas
yo, en cambio: un grandioso importador.
Desde las sombras puedo encargar
lo que yo quiera como recuerdo. Allí tengo la posibilidad
de una variación ilimitada. ¿Saben?, la luz, si realmente resplandece,
nada sabe de matices. Descolora más bien todo,
tiene algo allanador.

Mis promesas son más sólidas que su nieve. Más luminosas.
Volveré para la primavera. Con un fino vestido. Vendré
a visitarlos y resplandeceré. Prometido. Y ustedes me contarán
algo de mí.

Ah, me extrañaron todos y lentamente comenzaron
a odiar la nieve, a la helada,
y a envidiarme que
durmiese abrigada en la tierra, simplemente
durmiese, una conciencia perenne.

BLUMENSPIELE / JUEGOS FLORALES
TELEGRAMM / TELEGRAMA Belloc - - - Scheuermann

+++ Silke, te esperé, no viniste +++ ¿Habrás perdido el avión? +++ ¿Habrás preferido despejar tu jardín de nieve odiosa? +++ Aquí, lejos, todo es caos, y es imposible dormir (soñar, menos), así que se puede observar cada tropismo: viajar en el tiempo +++

+++ Silke, ich hab auf Dich gewartet, Du kamst nicht +++ Hast du den Flieger verpasst? +++ Hast es vorgezogen, Deinen Garten von lästigem Schnee zu befreien? +++ Hier, in der Ferne, ist alles Chaos, ist das Schlafen unmöglich (weniger noch das Träumen), umso mehr lässt sich jeder Tropismus verfolgen: in der Zeit reisen +++
(r.b.)

Idilio

flores, flor: tu tallo y tu corola, al contemplar, letra por letra, sos radiante.

nunca me gustaron las flores sino hasta ahora; las comería esperando que se diluyan en la sangre, y al ver, más tarde, los brotes en mi piel, sería feliz como ninguna mujer lo ha sido. madreselva en flor, estrella, tarántula.

tu belleza me convierte en cautiva, tu pétalo volcado al color con furia canta mi espera, muda y quieta, sombra en la sombra. no hay más que cerrar los ojos, "y no desbordes": en el silencio vive la flor, y su existencia es la mía.

y nomeolvides y tulipán y lino y malva, y mis ojos para mirarte y mis manos con guantes de prudencia para tocar la exhalación de tu piel vibrante con la punta de los dedos ciegos, precavidos.

¿me darás tu savia o me harás tu sierva, encantada por tu encanto? no me importa, no he de confiar a una flor mi destino aunque pueda leer en ella el mapa de mis próximos pasos y tal vez la dulzura del último aliento.

es tu soberbia lo que me anima y el fin, tan próximo, lo que me abate. y la agonía, el motivo, y la medida. flor gigante en lugar de alma y fruto por espíritu, perfume por religión, culto del cultivo.

los desobedientes no justificarían este caso. es necesario ceñirse a las formas para amar lo que no se comprende. comer la flor con los ojos y beber el agua que bebe con delectación es sólo una parte, la otra es secreta y no está en mí revelarla sino en ella, si quiere.

por lo demás, la flor no se preocupa, yace, y su reino es más extenso que la tierra donde brota, y si mi cuerpo florido descansa por fin bajo tierra la flor reirá porque todavía es joven y el polen dulce, promesa.

se entiende mejor con la abeja y no la culpo, la observo: atada de pies y manos no soy quien para divulgarla. solamente guardo tu sueño, que no es poco tesoro, y mi vigilancia así deviene santa, y mi silencio, sonoro.

perdoname la impaciencia, extraña a los pétalos: no soy sutil sino voraz, y si alguna manera del aire me toca es el viento violento que pasa y se lleva lo que encuentra, y para ser generosa como una amapola se precisa el sueño cándido del nectario en la piel como la piel misma.

te admiro como se admira el vacío, imposible y grato a la mente, como a una amenaza. te amo como a una hermana, como al abismo.

no me decís nada, sabrás disculparme. una flor que calla es más preciosa y, ay de mí, más tirana.

Idyll

blumen, blume: dein stiel, deine krone, genau besehn, buchstäblich, bist du strahlend schön.

niemals bis jetzt mocht ich blumen; ich äße sie, in der hoffnung, sie lösten sich im blut auf; und säh' ich später die knospen meine haut durchbrechen, wär ich froh wie keine frau zuvor. blühendes vergissmeinnicht, stern, tarantel.

deine schönheit nimmt mich gefangen, dein ins farbige rasende blatt singt ein lied meines wartens, stumm und still, schatten im schatten. bloß die augen schließen, „und nicht überströmen": im schweigen lebt die blume, und ihre existenz ist die meine.

und vergissmeinnicht und tulpe und flachs und malve, dazu meine augen, die dich ansehn, meine hände in samthandschuhen, den dunst deiner zitternden haut berühren, mit blinden fingerspitzen, bedächtig.

wirst du mir deinen saft schenken oder mich zur sklavin machen, die deinem charme erliegt? es ist mir gleichgültig, mein schicksal hab ich keiner blume anzuvertrauen, auch wenn ich in ihr den fortgang meiner schritte erkenne, und vielleicht die milde eines letzten atemzugs.

es ist dein hochmut, der mich anregt und das ende, so nah, das mich betrübt. und leid, anlass, maß. riesenblume anstelle der seele und frucht gegen geist, duft gegen glaube, kult des kultivierens.

die ungehorsamen würden diesen fall nicht rechtfertigen. unnötig ist es, sich an die formen zu halten, um zu lieben, was man nicht kennt. die blume mit dem blick verzehren und das wasser trinken, das sie mit wonne trinkt, ist nur ein teil, der andere teil ist geheim; es steht mir nicht an, ihn zu lüften, sondern allein ihr, wenn sie es wünscht.

im übrigen sorgt sich die blume nicht, sie wohnt bei, ihr königreich ist größer als die erde, in der sie keimt, und wenn mein blumiger körper endlich unter der erde liegt, wird die blume sich vergnügen, weil sie noch jung ist und ihr blütenstaub süß, verheißung.

einiger ist sie mit der biene; ich beschuldige sie nicht, sondern beobachte sie: an füßen und händen gefesselt bin ich nicht die, die sie zu verbreiten hat. ich bewahre allein deinen traum, kein geringer schatz, und meine wachsamkeit wird heilig, mein schweigen stimmhaft.

verzeih mir die ungeduld, die den blütenblättern so fern ist: bin nicht feinsinnig, sondern gierig, und wenn mich eine weise der luft berührt, so ist es der gewaltige wind, der hinwegzieht und mitnimmt, was er nur findet; um großzügig wie eine mohnblume zu sein, braucht es den hellen traum des nektariums auf der haut, wie die haut selbst.

ich bewundere dich, wie man die leere bewundert, unmöglich und dem geist gefällig, wie eine bedrohung. ich liebe dich wie eine schwester, wie den abgrund.

du sagst mir nichts, wirst mich zu entschuldigen wissen. eine blume, die schweigt, ist schöner und ach, ich unglückliche, noch die bessre tyrannin.

BLUMENSPIELE / JUEGOS FLORALES
TELEGRAMM / TELEGRAMA *Scheuermann* – – – *Belloc*

+++ Aber was kommt, wenn wir uns alle Geschichten erzählt haben
+++ zehntausend heiße Geschichten +++

+++ Pero ¿qué viene después de habernos contado todas las historias?
+++ diez mil historias excitantes +++
(c.c.)

[hintenherum]

am hinterkopf klebt alles fest, am hinterkopf trennen sich die
wege. er legt fest, wer den blinden mann zuerst sah. die platte
stehe hier, getreten vom getier, an den enden des morgens,
am anfang der nächte (die überdies den kranken betten, den
wachenden füßen, wie dem atem dienten) wenn du dann noch
drehst, dich windest, wenn du kehrst an den mittelpunkt zurück, wirst du sehen, wie es herum geht, wie es sich kehrt an
den winkeln, wie es sich wendet gegen das, was war und ist.
wenn es sein wird, wird es dich ablösen von der oberfläche zu
den gewinden, hinein in den abgrund. deine letztlichen flächen,
die an das ende der haarigen pelze reichen. von uns aus gibt es
nichts zu sehen.

KONTEMPLATIONEN / CONTEMPLACIONES
ÜBERTRAGEN VON / TRADUCIDO POR *Carlos Capella*

[*por atrás*]

en la nuca todo queda pegado, en la nuca se dividen
los caminos. ella define quién vió primero al ciego. la placa
esté aquí, pisada por las bestias, a los fines de la mañana,
al comienzo de las noches (que además servían a las camas enfermas, a los
piés vigilantes, como a la respiración) si entonces todavía
giras, te retuerces, si vuelves al centro, de re-
greso, verás cómo va la cosa, cómo se revuelve en
recovecos, cómo se da vuelta contra lo que fue y es.
si va a ser, va a despegarte de la superficie hasta
las roscas, hacia adentro del abismo. tus últimas superficies que alcanzan
hasta el final de las pieles peludas. en lo que a nosotros respecta no hay
nada para ver.

KONTEMPLATIONEN / CONTEMPLACIONES
Telegramm / Telegrama Chávez --- Lichtenstein

+++ Un desplazamiento ¿un centro sin orillas, una esfera sin centro? +++ Hablar de poesía: todo y nada parece suceder, ver, ser +++ Vórtice de huellas (y lo no hollado) +++ ¿Un par de pasos bastan? +++ O no hay nada que ver respecto de nosotros en derredor +++

+++ Eine Verschiebung, eine Mitte ohne Ufer, eine Kugel ohne Mitte? +++ Von Poesie sprechen: alles und nichts scheint zu geschehen, zu sehen, zu sein +++ Spurenwirbel (und das Unbetretene) +++ Reichen ein Paar Schritte? Oder ist um uns herum nichts über uns zu sehen +++
(r.b.)

Minimal

La quietud estalla en mis oídos
y la contemplación pavorosa
resquebraja los objetos.
Fragmento tumultuoso en
torbellino quieto,
el mundo penetra desbordado
y astilla las líneas
de todas,
todas las ficciones.
Recomponerlas
—tarea que tienta—,
lubricar los moldes,
calzar las voces,
obrar como dioses
con instrumentos de lata
y alma de perejil.

Minimal

Die Stille zerschellt in meinen Ohren
und das schauderhafte Blicken
spaltet die Objekte.
Tobendes Fragment im
stillgehaltnen Strudel,
die Welt dringt überfließend ein
und zersprengt die Linien
aller,
aller Fiktionen.
Sie wieder zusammenfügen
– verlockende Tätigkeit –
Formen einschmieren,
Worte anpassen,
wie Götter werkeln
mit Blechinstrumenten
und der Seele einer einfachen Pflanze.

KONTEMPLATIONEN / CONTEMPLACIONES
Telegramm / Telegrama Lichtenstein --- Chávez

+++ Maximal: // Zorngeräusche und schlingerndes Klappern, // Kreischen, Heulen in zerrissene Stofftaschen, // über Zahnabdrücke im Tulpenbuch, am Bein. // Fiktionale Informationen kitzeln die Genre, // ein Genius huscht kichernd vorbei, // wildes Fuchteln vertreibt ihn nicht +++ // In der Marktschenke schreit man // nach Futter, Fertigsuppen, Antworten // liefern Glücksmaschinen („diDidiDidiDiDii"), // für Kleingeld wäscht der Hirnlappen // den letzten literarischen Rest heraus +++ // Es dröhnt nun schon in Schutzkellern // aus Lautsprechern in ein Mikrofon +++ // Die Sirenen spulen ihr Lied zurück, // da keiner hinhört, drehen sie weiter auf, // schlucken den Schall, wie das warme // Wachs, es schmilzt widerstandslos +++

+++ Maximal: // Ruido a ira y sepenteante traqueteo, // chillido, llanto en desgarradas bolsas de tela, // por mordeduras en un libro de tulipanes, en la pierna +++ // informaciones ficcionales cosquillean a los géneros, // un genio pasa veloz dando risitas, // no lo ahuyenta un manoteo salvaje +++ // En la taberna del mercado piden a gritos // alimentos, sopas instantáneas, respuestas // aportan los tragamonedas ("diDidiDi-diDiDii"), // el lóbulo cerebral se limpia por centavos // del último resto de literatura. // Ya retumba pues en refugios subterráneos // desde parlantes en un micrófono +++ // Las sirenas rebobinan su canción // ya que nadie atiende, aumentan su volumen // se tragan el sonido, como la cera // caliente, se derrite sumisa +++
(c.c.)

FLUCHTEN / FUGAS
Johanna Melzow

vielleicht schon bald frühling
und das febrile fragen vielerorts

wann wieder die blütenden
schirme und schwalben

in schwärmen schimmern
schwalben die sicht schwärzen

nach herbstem häuten und halbseidenem
das den himmel im januar jähtet

am abend auf äckern ankert
alles wie ein ewigloses tagen

verschwindend lästert einer in der luft
es begann mit einem sprung *aus dem winter*

der nun wie rausch richtig oder falsch
vorüberzieht zwischen wüste stadt und niemehr

ohne ein geringeres wasser
als das der netzhäute

weben wir abschiede
wie grad geliebte körper

und es schraubt sich einer blühend aus
der zeit die tauben tage

die abschiedsbriefenen bilder
bringen schwalben an die schlafenden zimmer

irgendwo frühling vielleicht
der trägt seinen tod fort,

ein zerbrechlicher himmel

für t. t.

FLUCHTEN / FUGAS
Übertragen von / Traducido por Juan Morello

puede que ya pronto primavera
y el febril preguntar por doquier

para cuándo las florecidas
sombrillas y golondrinas

en formaciones fulgurantes
ennegrecerán la vista golondrinas

tras un violento esfolar y medias sedas
que al cielo en enero escardan

en el ocaso ancla en cultivos
todo como un clarear ineterno

alguien maldice desapareciendo en el aire
la cosa comenzó con un brinco *saliendo del invierno*

que ahora como embriaguez mal o bien
pasa amenazante entre desierto ciudad y nuncajamás

sin un agua menos valiosa
que la de las retinas

hilamos despedidas
como cuerpos recién amados

y alguien se desenrosca floreciendo desde
el tiempo de los días hueros

las imágenes cartodespedidas
traen golondrinas a los cuartos aletargados

en algún lugar puede que primavera
ésta acarrea a su muerte,

un inconsistente cielo

para t.t.

+++ na retina a imagem embaça ao trocar de hemisfério +++ no deslocar de língua +++ o cartão chegando em bits: um salto para fora do inverno +++ sua cartodespedida percorre as linhas invisíveis e traz febris perguntas que não sei responder o que faremos hoje? correremos pela rua, deserto, canal? a retina embaçando com as imagens borradas +++ um guarda-chuva colorido na gaveta +++ uma gaivota cruzando a tela +++ o céu de janeiro à tarde e o ar secando a cidade: agora uma palavra se desloca +++ trocar de língua, você diz, dar um salto para fora da margem +++

+++ auf der netzhaut verschwimmt das bild beim tauschen der hemisphäre +++ beim sprachwechsel +++ die postkarte kommt in bits: ein sprung aus dem winter +++ ihre abschiedsbriefenen bilder verlaufen entlang unsichtbarer Linien und werfen febrile fragen auf, die ich nicht beantworten kann oder was tun wir heute? werden wir die straße hinunterlaufen, die wüste, den kanal? die netzhaut verschwimmt an verwischten bildern +++ ein bunter regenschirm in der schublade +++ eine möwe kreuzt die leinwand +++ am januarabendhimmel während die luft die stadt dörrt: jetzt löst sich ein wort +++ zungen tauschen, sagst du, einen sprung aus dem spielraum tun +++
(u.p.)

plano b

hola, spleen, disse. nos cruzamos no
deserto de sonora. sentada no banco de trás
olhava pelo vidro a 3000 quilômetros do ponto em
que o deixara. hola, spleen, falou por detrás do vidro.
uma linha esconde outra linha, a voz esconde o que quer dizer.
pensava na carta sem remetente
em um modo de desaparecer pensava nas
esculturas sonoras (não havia um
plano c? para onde
seguia)

era como descobrir o sulco
fechado de um disco e ficar
rodando no *loop* daquela melodia
circular, precisa de uma língua
que diga isso.

hola, spleen, insistiu
mas não falava da latitude
no mapa, eram peixes
no fundo do oceano com a cartilagem
luminosa derretendo nos olhos
e a única preocupação quando
entrou era o som por detrás da voz dela:
saber se está triste há um ano
ou há 24 horas

(na volta, passa a colecionar
objetos. a vingança começa num
aquário
        é como furar a realidade com a
realidade, dizia, ficar no quarto medindo o
nível do mar para descobrir
onde pôr os peixes)

plan b

hallo, *spleen*, sagt sie. *unsere wege kreuzten sich
in der sonora-wüste.* vom rücksitz aus
blickte sie durch die scheibe, 3000 kilometer von dem punkt aus,
an dem sie ihn verließ. hallo, *spleen*, sprach sie hinter der scheibe.
eine zeile verbirgt die andere zeile, die stimme verbirgt, was sie sagen will.
sie dachte an den brief ohne absender
daran, wie es sich verschwinden ließe in den
klangskulpturen (gab es keinen
plan c? wo ging es
weiter)

es war als würde man einen
sprung in einer schallplatte entdecken und im
loop der zirkulären melodie
kreisen, es braucht eine zunge, um
dies auszudrücken.

hallo, *spleen*, beharrte sie,
sprach aber nicht vom breitengrad
auf der landkarte, es waren die fische
auf dem meeresboden mit dem leuchtend
zerrinnenden knorpel in den augen
und die einzige sorge beim
eintreten war der klang hinter ihrer stimme:
zu wissen, ob sie seit einem jahr
oder seit 24 stunden traurig war

(nach der rückkehr geht sie dazu über,
dinge zu sammeln. die rache beginnt im
aquarium
        es ist als durchlöchere man die wirklichkeit mit der
wirklichkeit, sprach sie, im zimmer bleiben und den
meeresspiegel messen, um herauszufinden
wohin mit den fischen)

FLUCHTEN / FUGAS
Telegramm / Telegrama Melzow – – – García

+++ vielleicht fische die wir auf dem meeresboden unserer körper unserer vergangenheiten finden sind es fische die umherschwirren und schwinden sobald wir sie zu fassen wünschen die wir als trophäen wollen wenn uns nichts bleibt als die wundersame vermessung eines momentes vielleicht tod kommt nah vielleicht ein bild wie es einmal war wortlos zwischen uns zwischen ihnen der ruf nach zukunft die so erinnert scheint scheinen leuchten glimmen tut es im organ und liebesspiegel der bemisst uns der zeit schenkt für einen winzigen zeitfernen augenblick und unsere sprachlosigkeit fertig die vermessung tut nicht mehr weh vielleicht fische in deren augenlicht wir waren +++

+++ quizá los peces que encontramos en el fondo del mar de nuestro cuerpo de nuestros pasados son peces que se agitan de aquí para allá y desaparecen en cuanto deseamos aprehenderlos que deseamos como trofeos cuando nada más nos queda ya que la extraña mensura de un momento quizá se acerque la muerte quizá una imagen de cómo fue una vez sin palabras entre nosotros entre ellos el reclamo de futuro que así parece recordar brillar relucir arder arde en el órgano y en el nivel de amor que nos calcula el tiempo regala por un ínfimo instante sin tiempo y nuestra estupefacción acabada la mensura ya no hace doler quizá peces en cuya mirada hayamos estado nosotros +++
(c.c.)

ZWIESPÄLTE / DISCORDIAS
Mikael Vogel

Schizoide Gedichte für eine
alte schizoide Liebe

Nach allen wilden
Bestattungsversuchen an unsrer Irrenehe: Die angebroch-

Enen Sätze, zerstammelten Gesten und Bewegungen —
\ rollten in Silben und

Ideen, mathematischen
Beweisen für unsere nahende Katastrophe — Zahlentastbarkeiten,
\ und mondhautige Körperfrüchte

In die Morgenmesser geschüttelt..
\ unaufhörliche Maskenfickerei, *oder als wir*
Flugschokolade waren. Weiterleben mit auf den Kopf gestelltem Geist
\ *und die Seele in eine verstaubte leere*

Flasche Scotch eingeschlossen irgendwo in Regalen zwischen
Büchern und meinen zerbrochenen Tagen, wo immer du jetzt bist
\ zeichnen die Gestirne noch immer die

Riemannsche Vermutung auf deinem nackt ausgestreckten Körper nach

ZWIESPÄLTE / DISCORDIAS
ÜBERTRAGEN VON / TRADUCIDO POR *Carlos Capella*

Poemas esquizoides para un
viejo amor esquizoide

Después de todos los salvajes
intentos de sepultar nuestro matrimonio de locos: Las frases empe-

Zadas, tartamudeados gestos y movimientos —
\ rodábamos en sílabas e

Ideas, matemáticas
pruebas de nuestra catástrofe inminente — *palpabilidades numéricas,*
\ *y frutos del cuerpo con piel de luna*

Sacudidos hacia los cuchillos matutinos..
\ interminable culeo de máscaras, *o cuando eramos*
chocolate aéreo. Seguir viviendo con la mente patas arriba
\ *y el alma encerrada en una vacía y polvorienta*

Botella de scotch, en algún sitio, en un estante entre
Libros y mis días quebrados, donde quiera que estés ahora,
\ todavía transcriben los astros la

Hipótesis de Riemann sobre tu extendido cuerpo desnudo

+++ La matemática es cruel +++ Este es un texto cruel, como la matemática +++La matemática es definitiva +++ Este es un texto definitivo, como la matemática +++ ¿Es el matrimonio matemática? +++

+++ Mathematik ist grausam +++ Dies hier ist ein grausamer Text, wie die Mathematik +++ Mathematik ist endgültig +++ Dies ist ein eindgültiger Text, wie die Mathematik +++ Ist die Ehe Mathematik? +++
(r.b.)

Cuando se corta

Cuando se corta por primera vez
un pomelo en un lugar desconocido
con un cuchillo de punta redonda
y poco filo, más apto en realidad
para untar manteca, el pomelo se vuelve
más extraño que el mundo que lo rodea
de modo que mirarlo detenidamente
por demasiado tiempo antes de partirlo
es una invitación al pánico.

Cortó un pomelo transversalmente, partió
la mañana en gajos raros, la carne
rosada expuesta por primera vez
hirió con énfasis su mundo intraducible
generando una pausa acá
en el contexto de la fruta acuchillada.

No está dado el contexto para cortar
un pomelo pero igual corta el pomelo
y así cambia el contexto dado
con un ademán ficticio produce y no produce
una alteración momentánea que oblitera
el único dato cierto
nunca hubo fruta por cortar.

ZWIESPÄLTE / DISCORDIAS
ÜBERTRAGEN VON / TRADUCIDO POR Timo Berger

Wenn man zum ersten Mal

Wenn man zum ersten Mal eine Grapefruit
schneidet, an einem unbekannten Ort
mit einem Messer mit runder Spitze
und kurzer Klinge, im Grunde eher geeignet
um Butter zu streichen, erscheint die Grapefruit
fremder als die Welt, die sie umgibt
lädt so – sieht man sie vor dem Teilen
zu lange und zu aufmerksam an –
dazu ein, in Panik zu verfallen.

Er schnitt eine Grapefruit längs, teilte
den Morgen in seltsame Scheiben, das rosafarbene
erstmals preisgegebene Fruchtfleisch
verletzte eindringlich seine unübersetzbare Welt
erzeugte eine Pause hier
im Zusammenhang mit der erstochenen Frucht.

Die Bedingungen, um eine Grapefruit zu schneiden,
sind nicht gegeben, trotzdem schneidet er die Grapefruit
und verändert so die gegebenen Bedingungen
erzeugt oder auch nicht mit einer fiktiven Geste
eine vorübergehende Veränderung, setzt
die einzige sichere Tatsache außer Kraft
da lag nie eine zu zerschneidende Frucht.

ZWIESPÄLTE / DISCORDIAS
Telegramm / Telegrama Vogel - - - Gambarotta

+++ Ich erinnere mich gut +++ Auch ich liebte einmal eine Grapefruit +++ Mir blieb nichts als weiterzuleben zu versuchen, und mich dennoch täglich beim erneuten Blick zurück zu ertappen, erniedrigt +++ Ich ging nie wieder ohne die präziseste Aufmerksamkeit auf die sich darbietenden Früchte an einem Obststand, an den Feldern oder verlorenen Lastwagenladungen an den Straßenrändern vorüber +++ Aber mir ist nie wieder eine Frucht begegnet, die der meinen, verlorenen, glich +++ Es sind bittere Erinnerungen, bitter wie ihr Fleisch und Saft waren. Dennoch die süßesten +++ Ihr ergebenster Orpheus/ +++

+++ Me acuerdo bien +++ También yo una vez amé a un pomelo +++ No me quedó más que intentar seguir viviendo y, no obstante, descubrirme a diario en una nueva remembranza, humillado +++ Nunca más volví a pasar delante de una verdulería sin prestar la mayor atención a los frutos ofrecidos, delante de las plantaciones o la carga caída de los camiones, desparramada al borde del camino +++ Pero nunca volví a encontrarme con una fruta comparable a la mía, la perdida +++ Son recuerdos, amargos, amargos como su pulpa y su fruto +++ No obstante los más dulces +++ A sus órdenes, Orfeo/ +++
(c.c.)

#2

Auf einen neuen Tag, mit Glück. Bei Absprachen immer
nur eine Stimme pro Person. Sonst mühsam. Bei Wind
ausgestoßen zu werden, aus der Rinne zu fließen,
ich singe davon. Hochbranden in den Geldbeträgen.
Wer blutet schon aus der Börse? Mein Rundgang.
Es kommt nicht deutlich. Heh da! Wächter,
mir blutet die öffentliche Hand! Leuchte dem mal in die Gasse.
Kommt nicht deutlich? Fallen in die Tonne die Gänge.
Sachte. Was geschrieben wurde, das lass stehen im Kontor.
Da schläft auch der Alte, treibt mit der Schatulle Wurzeln aus.
Durch den Sekretär. Glanz Silber, in der Farbe bleichender.
Sei also dem Schwert anheim, die Kurve in den Nacken – ZACK!
Ich wird weich, hör ich das Gegrein von zwei Liebenden am FL—üster.
Dann trällere ich ein feins Liedchen am Fenster
vorbei ohne Schal und mit Wucher in der Lunge.
Auf einen neuen Tag
mit Glück, Tabak, Liebe. Ich biete bloß
die eine Stimme auf gegen Wind, mahne und zahle meine Preise
für Brot. Wach endlich auf, Mann! Gleich knallts!!! In der Laterne
die Flamme

(pffff!)

#2

Por un día nuevo, con suerte. En caso de acuerdo, sólo
una voz por persona. De lo contrario se complica. En caso de viento
ser arrojado, desbordarse del canalón,
sobre eso canto. Aluvión entre las sumas de dinero.
¿Al final quién sangra por la Bolsa?
No llega claro. ¡Eh, usted! Guardia,
me sangra la mano del erario público! Aclárale un tanto la calleja.
¿No llega claro? Caen en el tacho, los pasillos.
Despacio. Lo que fue escrito, déjalo en la oficina.
Allí también duerme el viejo, extirpa raíces con el estuche.
A través del secretario. Brillo plata, de tono más decolorante.
Ponte en manos de la espada, la curva en la nuca – ZACK!
Yo se ablanda, oigo el lloriqueo de dos amantes SU—surrando,
Entonces tarareo una linda cancioncilla atravesando
la ventana, sin bufanda y con proliferaciones en el pulmón.
Por un día nuevo
con suerte, tabaco, amor. Yo sólo ofrezco
la misma voz contra el viento, amonesto y pago mi precio
por pan. ¡Despierta de una vez, hombre! ¡¡¡Te rompo la cara!!! En el farol
la llama

(¡pffff!)

+++ a través del dinero punto a través de burocracias punto a través de oficinas punto a través de onomatopeyas punto a través del secretario y de la plata punto a través de lindas cancioncillas tarareadas abre paréntesis pedro infante y la chorreada cantando y silbando comillas amorcito corazón comillas cierra paréntesis punto a través de la ventana coma el frío coma el tabaco coma el pfff signo de admiración que suena a grifo de agua coma a balón ponchado coma a vulcanizadora dos puntos lo que veo no es alemania dos puntos lo que veo es suave patria dos puntos lo que veo es méxico punto un abrazo coma julián punto +++

+++ vermittels geld stopp vermittels bürokratie stopp vermittels büros stopp vermittels lautmalereien stopp vermittels geschäftsführer und vermittels knete stopp vermittels hübscher geträllerter liedchen klammer auf pedro infante und la chorreada singend und pfeifend liebchen mein herz anführungsstriche klammer zu stopp durchs fenster dringt die kälte komma der tabak komma das pfff ausrufezeichen das klingt wie wasserhahn komma wie angestochener ballon wie vulkanisator doppelpunkt was ich sehe ist nicht deutschland was ich sehe ist süßes heimatland doppelpunkt was ich sehe ist mexiko stopp eine umarmung komma julián stopp +++

(r.b.)

Grafitti (I)

Porque el mundo es un letrero y la mirada
no sabe descifrar sus instrucciones.
Un letrero debajo de la lluvia
con la tinta borrosa:
la palabra "césped" cayendo al hormiguero,
la palabra "pisar" cubierta de inscripciones;
y los demás quién sabe,
lejos,
como una carta de amor
escrita en el aire con los labios.

El mundo es una canción
que se pierde en la radio sin que nadie la extrañe.
La moneda que frotaste en tus manos de niño
hasta que fuiste a la tienda y te dijeron
que ya no tenía valor porque no tenía dibujos.

El mundo es una esfera,
un escritorio y mucho polvo,
un calendario con los días decapitados;
sábados largos como una carretera
por donde se camina mientras pasan coches rápidos,
lunes y miércoles de cinta en el zapato
como si no hubiera ya bastantes nudos.

El mundo es un letrero sin vocales,
un árbol que florece detrás de la pared,
una fruta que nunca madura en nuestros patios.

El mundo es nada más
este decir
y decir
y decir
que no se escucha.
Que hablen más fuerte por favor.

VERWEISE / ADVERTENCIAS
Übertragen von / Traducido por Timo Berger

Grafitti (I)

Weil die Welt ein Hinweisschild und unser Blick
die Aufschrift nicht entziffert.
Ein Schild mit vom Regen
verwischter Tinte:
das Wort „Rasen" tropft auf die Ameisen,
das Wort „betreten" ist überschrieben;
und die anderen wer weiß wo,
in der Ferne
wie Liebesbriefe,
mit gespitzten Lippen in die Luft gemalt.

Die Welt ist ein Lied,
das sich im Rauschen des Radios verliert, von niemandem vermisst.
Ist die Münze, die du zwischen den Kinderfingern riebst,
bis man im Laden zu dir sagte,
sie sei wertlos, ihre Prägung nicht mehr zu erkennen.

VERWEISE / ADVERTENCIAS

Die Welt ist eine Kugel,
ein Schreibtisch und viel Staub,
ein Kalender der geköpften Tage;
der Samstag wie eine Landstraße lang,
auf der man, von Autos überholt, geht,
Montag und Mittwoch an den Schuh geschnürt,
als gäbe es nicht schon genügend Knoten.

Die Welt ist ein Schild ohne Vokale,
ein Baum, der hinter einer Mauer blüht,
eine Frucht, die in unseren Patios nicht gedeiht.

Die Welt ist nicht mehr als
dieses Gerede
Gerede
Gerede
man hört ja gar nichts
Bitte sprechen Sie lauter

VERWEISE / ADVERTENCIAS
Telegramm / Telegrama Lange - - - Herbert

+++ Dauerübersetzen bei mir +++ George Oppen, der ein paar Jahre in Mexiko gelebt hat +++ Sage das, weil der Beziehungswahn, den das Übersetzen verursacht, sich auch auswirkt auf meine Lesart von „Grafitti (I)" +++ Zwei Begriffe machen mich aufmerksam +++ Da ist die Welt, die so oft in „Grafitti (I)" angesprochen wird und die wir auf eine Art teilen und nicht teilen +++ Mexiko dort, Deutschland hier +++ Ein Fenster dazwischen könnte das Wort „Patios" sein +++ Ich stelle mir einen Ort in einer Mischung aus Burg, sakralem Bau (arabische Architektur) und Marktplatz vor +++ Alles fremd zunächst +++ Doch vermutlich ist das für mich Fremde nur die Einkleidung von etwas Vertrautem? +++

VERWEISE / ADVERTENCIAS

+++ Yo traduciendo sin parar +++ A George Oppen, quien vivió un par de años en México +++ Digo, ya que la obsesión por las correlaciones, que produce el traducir, también repercute en mi interpretación de "Graffiti (I)" +++ Dos conceptos me llaman la atención +++ Ahí está el mundo, al que se apela a menudo en "Graffiti (I)", al que en cierto modo compartimos y no compartimos +++ México allí, Alemania acá +++ La palabra "patios" podría ser una ventana intermedia +++ Me imagino un sitio, mezcla de castillo, construcción sacral (arquitectura árabe) y plaza de abastos +++ Todo extraño, en principio +++ Sin embargo, ¿será para mí, forastero, supuestamente el recubrimiento de algo familiar? +++ (c.c.)

MNEME

Oder ist es so wie wenn wir manchmal
aufschrecken aus dampfenden Betten,
vielleicht ein fremdes Geräusch, unsicher,
ob noch diesseits dieses bis zur Unsicht-

barkeit transparenten Traums, und alles
zusammenweht zu einem schaukelnden
Schatten, einem Mobile aus klammen
Echos, das sich nah an unsrer schlaf-

warmen Haut windet und in der Schwärze
über uns schwebend hart an unseren
Namen kreuzt. Hinter den Wänden ein
Husten, ein Seufzen, ein Schluchzen –

oder waren es die Möbel, die da ächzten,
das Singen der Leitungen, das Vorsich-
hinarbeiten der Materialien? Auch damit
kennen wir uns nicht mehr aus,

sind wir denn bedrängt oder ist das nur
die ganze Wahrheit. Das Dunkel schmiegt
sich an uns, dehnt sich und schweigt. Wir
wälzen uns von einer Seite zur andern,

zerren an der Decke und zählen unsere
Chancen, uns zu evakuieren, einfach so
ins Traumlose zu verlöschen, während
draußen die letzten der Verspäteten

unter viel zu schnell ziehenden Wolken
und einem unfertigen Mond auf Straßen,
die der Wind wiegt, nach Hause hasten,
haarrißgeäderte Bilder, bereit zu bersten.

MNEMOTECHNIKEN / MNEMOTECNIAS
Übertragen von / Traducido por *Carlos Capella*

MNEMEA

O es como cuando a veces nos
sobresaltamos en camas calientes,
quizá un sonido extraño, incierto
si todavía más acá de este sueño in-

visiblemente transparente, y todo
se ondea hasta una columpiante
sombra, un móvil de húmedos
ecos, que se trenza cerca de nuestra

piel cálida de sueño y en la negrura
que flota sobre nosotros se cruza muy cerca
de nuestro nombre. Detrás de las paredes un
una tos, un suspiro, un sollozo –

o eran los muebles que crujían,
el canto de las cañerías, el trabajar ensi-
mismado de los materiales? También
en esto ya no somos duchos,

nos hallamos entonces acuciados o es
tan sólo la pura verdad. Lo oscuro se pega
a nosotros, se expande y calla. Nos
revolcamos de un lado para el otro,

tiramos de la manta y calculamos
qué chance tenemos de evacuarnos,
simplemente apagarnos en un sin-sueños,
mientras afuera, las últimas rezagadas

de entre las nubes que pasan demasiado rápido
y una luna inconclusa sobre calles
que mece el viento, corren a casa,
imágenes resquebrajadas listas para reventar.

MNEMOTECHNIKEN / MNEMOTECNIAS
Telegramm / Telegrama Santisteban – – – Angeloch

+++ Empezar in medias res es ya un ejercicio de memoria +++ Todo aparece suspendido como si el ambiente, lo que circunscribe al que habla, viniera de la migración +++ Entonces esperamos al final del poema para sentirnos tranquilos, porque en medio, precisamente, hay algo que nos incomoda, que nos duele, que nos perturba +++

+++ In medias res zu beginnen ist bereits eine Gedächtnisübung +++ Alles scheint in der Schwebe zu verbleiben, als rühre die Umwelt, das, was den, der spricht, umgibt, von einer Migration her +++ Da warten wir auf das Ende des Gedichts, um unsere Ruhe zu finden, denn eben genau in der Mitte befindet sich etwas, was uns beunruhigt, was uns schmerzt, was uns verwirrt +++
(r.b.)

La máquina de limpiar la nieve

Ahí suena, con su carraspeo ronco, el motor
En medio de la noche blanca

Opaca con su chirrido los otros ruidos:
Esa incesante música que destilan los caños

El hombre, inmigrante a su pesar, aprieta
El mecanismo y va limpiando el camino

El sendero blanquecino que antes se hundió
Bajo la nieve

El ruido que podría ser insoportable en su monotonía
Es el preludio de un camino limpio

Desde las ventanas amarillentas de los departamentos
Las caras ateridas labran una pequeña sonrisa

Miramos el paso del carro
Los mecanismos misteriosos que permiten la limpieza

Desde nuestras oscuridades también advertimos que se va acumulando
Un hielo frío que al principio parece raspadilla

Imperceptible polvo gélido
Apegado a nuestros cuerpos como goma arábiga

Con los días y el mal tiempo el polvo muda en escarcha
Dura y repulsiva como el hielo derretido en el asfalto

En medio de la oscuridad blanquecina la nieve envuelve
Con su mugre una chalina

Tiene que venir el sol, húmedo y tímido,
A veces demora en sacar la cabeza

Es mejor seguir el compás de la máquina
Su música amarilla, su tintineo monótono, su canturreo sordo

Limpiar el camino a la primera nevada
Sacar la lágrima de encima

Evitar la dureza de piedra del témpano
Torcer con suavidad para otro lado la cabeza

Luchar desde un principio y quebrar
Con dulzura lentamente los párpados

Pero nada que equivalga a una humillación.

MNEMOTECHNIKEN / MNEMOTECNIAS
ÜBERTRAGEN VON / TRADUCIDO POR Rike Bolte

Die Schneeräummaschine

Da tönt er, mit rauer Heiserkeit, der Motor
In der weißen Nacht

Überdeckt knarrend alle übrigen Geräusche:
Diese unentwegte Musik, die die Rohre verströmen

Der Mann, unfreiwilliger Immigrant, wirft
Das Räderwerk an und räumt den Weg frei

Der ins Weiße spielende Pfad der zuvor versank
unterm Schnee

Der Lärm, der unerträglich in seiner Eintönigkeit sein könnte
Ist Präludium eines sauberen Wegs

Von den gelblichen Wohnungsfenstern aus
Pflügen die erstarrten Gesichter ein schmales Lächeln hin

Wir blicken den vorbeifahrenden Wagen an
Die geheimen Mechanismen, die das Forträumen erlauben

Aus unserm Dämmer heraus werden wir auch gewahr, wie sich
kaltklirrendes Eis anhäuft, das erst wie Trockeneis wirkt

Kaum wahrnehmbarer eisiger Staub
Der sich an unsere Körper heftet wie arabisches Gummi

Im Laufe der Tage und des schlechten Wetters wird der Staub zu Frost
Hart und abweisend wie die Eisesglätte auf dem Asphalt

Inmitten der weiß getönten Dunkelheit legt der Schnee
Mit seinem Schmutz einen Schal

Die Sonne sollte herauskommen, feucht und zögerlich,
Sie braucht bisweilen ihre Zeit, um hervorzukriechen

Besser doch dem Takt der Maschine folgen
Ihrer gelben Musik, ihrem eintönigen Geklirr, dem dumpfen Gesumm

Den Weg beim ersten Schneefall säubern
Die Träne abräumen

Nicht aufkommen lassen die Eisschollenhärte
Sanft den Kopf in eine andere Richtung wenden

Von Beginn an kämpfen, sachte
Geruhsam die Lider aufbrechen

Aber nichts tun, was einer Demütigung gliche.

+++ „Between subtle shading // And the absence of light // Lies the nuance of illusion" schrieb der Fallensteller Ezra Small, durch Schnee und Eis von der Außenwelt abgeschnitten, wahrscheinlich bereits im Hunger-, Durst- und Einsamkeitsdelirium, um 1839 in sein chiffriertes Tagebuch +++ Nichts ist seitdem einfacher geworden +++ Doch zwischen „Unbehaustsein" und „Angst" surren zum Beispiel „Schneeräummaschinen", und zwischen „Vereisung" und „Verzweiflung" liegt etwas, das sich, sanft und bestimmt, gegen beides richtet, und wider Erwarten keine Illusion ist +++ Das habe ich jetzt von Dir gelernt, Rocío, und dafür danke ich Dir +++

+++ "Between subtle shading // And the absence of light // Lies the nuance of illusion" escribió el trampero Ezra Small, aislado del mundo exterior por la nieve y el hielo, ya probablemente en un delirio de hambre, sed y soledad, alrededor de 1839 en su diario cifrado +++ Nada se ha vuelto más simple desde entonces +++ Sin embargo, entre "ser sin-casa" y "miedo" zumban "máquinas para limpiar la nieve", y entre "congelamiento" y "congoja" hay algo que, suavemente y con determinación, se enfrenta a ambas cosas y, contra lo esperado, no es una ilusión +++ Eso lo aprendí ahora de tí, Rocío, y te agradezco por eso +++
(c.c.)

HALBSCHATTEN / PENUMBRAS
Florian Voß

Nacht Nukleus Eins

In dem Raum der Nacht schon Stunden zu liegen
und dort ist die kaum sichtbare Gaze aus Resten von Licht
die den dunkelgrauen Kalk der Fensterwölbung
entlang gleitet, ein ferner Abdruck der Straße
über die immer mehr Nacht fließt
ein Fluss aus Schatten, aus warmen Schichten
An den Rändern von Decken und Wänden
schieben sich Schatten verschiedener Tönungen übereinander
dünne Quarze, Flöze, Platten – Tektonik der Dunkelheit
in dieser schwarzen Kaverne, Kasematte
unter der Wohnung im Stockwerk darüber
die hell auf dem Zimmer lastet
mit all ihrem nicht sichtbaren Licht
Zwischen den tintigen Stempelabdrücken der Möbel
quellen die Schattenrisse hervor
Und das Herz, diese dunkle Kammer, diese Camera Obscura
in die noch kein Lichtbild gefallen ist
fällt ein in die Körpertöne von Blähungen und Blut
Im Hallraum über dem Hals ist es ebenso dunkel
dort verschieben sich die Gedanken (Geschiebe, Mergel)
die auch nur die Qualität von Negativen haben (überbelichtet)
Von innen steigen die Schatten sanft
in die geöffneten Augen und verschmelzen
im Tunnel der Pupille mit all dieser
lichtlosen Kulisse des Raumzimmers

Noche Núcleo Uno

Yacer en el espacio de la noche ya hace horas
y en él la gasa apenas visible, hecha de restos de luz
que se deslizan a lo largo de la cal gris oscuro
del arco de la ventana, es un calco de la calle
sobre la que fluye cada vez más noche
un río de sombras, de cálidos estratos
Por los bordes del cielorraso y las paredes
se deslizan sombras de diversos tonos unas sobre otras
delgados cuarzos, filones, placas – tectónica de la oscuridad
en esa negra caverna, casamata
bajo el apartamento en el piso de arriba
que pesa luminoso sobre la habitación
con toda su luz no visible
Entre las huellas como sellos de tinta de los muebles
surgen las siluetas en contraluz
Y el corazón, esa cámara oscura, esa camera obscura
en la que nunca ha caído una proyección de luz
cae en el rumor orgánico de sangre y flatulencia
en la cámara de eco sobre el cuello también está oscuro
allí se traslocan los pensamientos (canto, marga)
que sólo tienen la calidad de negativos (sobreexpuestos)
desde andentro ascienden las sombras suavemente
hacia los ojos abiertos y se funden
en el túnel de la pupila con toda esa
escenografía sin luz de la habitación del espacio

+++ Acostarse y apagar la luz sin dormir +++ Quedarse en una atención que flota húmeda en la tinta del claroscuro de las formas de la habitación y trepa arriba donde imagina en el piso superior del edificio una luz blanca y pesada +++ La calle filtrándose por la ventana y el corazón filtrado por los pensamientos que desfilan como fantasmas dentro del cuerpo +++ La habitación del espacio podría ser la cámara de un cohete espacial pero se queda enmarcada en la cal gris oscuro y permanece hasta que puedan apagarse las pupilas +++

+++ Sich ins Bett legen und das Licht ausmachen ohne einzuschlafen +++ Eine Aufmerksamkeit bewahren, die feucht in der Tinte des Halbdunkels der Formen im Zimmer schwebt und nach oben klettert, dorthin, wo sie im oberen Stockwerk des Gebäudes ein weißes, schweres Licht vermutet +++ Die Straße schimmert durchs Fenster und das Herz schimmert durch die Gedanken, die wie Gespenster durch den Körper geistern +++ Das Raumzimmer könnte die Kabine einer Raumrakete sein, wird aber weiter vom dunkelgrauen Kalk eingerahmt und verbleibt, bis die Pupillen ausgeschaltet werden können +++
(r.b.)

En otro idioma mi primer apellido es un color

En otro idioma mi primer apellido es un color
pero en mi país se utiliza como verbo
Cuando me pusieron mi primer apellido
cuando me lo pusieron
con fuerza era yo muy chiquitita y no podía
hablar
para explicarles que se olvidaban, para mí
la última sílaba
que haría ese apellido definitivamente mío
perteneciente a mí
La sílaba agregada en otro idioma
no es un color, significa que el sujeto u objeto
es de ese color pero en mi país
se utiliza con otro contenido   Es diferente
mi primer apellido a mí
porque carece de un final apropiado
de una terminación correcta
En otro idioma mi primer apellido quiere
decir violeta Estoy incompleta
Me falta la sílaba "da", al último
doy por sentado que se entiende
aunque estuviera completa en mi apellido
no sería yo entera, algo me han quitado
Cuando nací
y hasta cuando fui concebida, en mi país
en mi lengua

HALBSCHATTEN / PENUMBRAS
ÜBERTRAGEN VON / Traducido por Rike Bolte

In einer anderen Sprache ist mein erster Nachname eine Farbe

In einer anderen Sprache ist mein erster Nachname eine Farbe
aber in meinem Land benutzt man ihn als Verb
Als man mir meinen ersten Nachnamen gab
als man ihn mir aufzwang
war ich klein und bekam
keinen Ton heraus
der hätte bedeuten können, das man, meiner Meinung nach,
die letzte Silbe vergaß,
die diesen Nachnamen wirklich zu meinem gemacht hätte,
die dafür gesorgt hätte, dass er zu mir gehörte
Die Silbe, hinzugefügt in der anderen Sprache
ist keine Farbe, sie bedeutet nur, dass das Subjekt oder Objekt
diese Farbe besitzen, aber in meinem Land
verwendet man sie in einem anderen Sinn.   Er unterscheidet
sich von mir, mein erster Nachname,
denn es fehlt ihm ein passendes Ende,
seine korrekte Endung
In einer anderen Sprache bedeutet mein erster Nachname
Violeta, Veilchen Ich bin unvollständig
Mir fehlt die Silbe „da", doch ich
gehe davon aus, dass man versteht,
dass selbst wenn ich durch meinen Nachnamen vollständig wäre
er nicht mein ganzes Ich enthielte, denn etwas hat man mir genommen
Als ich geboren wurde
und es geschah bereits als ich empfangen wurde, in meinem Land,
in meiner Sprache

HALBSCHATTEN / PENUMBRAS
Telegramm / Telegrama Voß – – – Fisher

+++ Ich habe einen unschuldigen Namen, mir gegeben in schuldiger Nachkriegszeit, in ewiger, andauernder Vorkriegszeit, in einem Häkeldeckchen-Kosmos +++ // Mein Name ist unbefleckt, nicht defloriert +++ Ich kann ihn tragen +++ Mir ist er nicht abgenommen, mir ist er nicht ausgestrichen +++ // Unsere Namen werden sich auf einer Wiese treffen, auf einer Lichtung im Wald, in einem Gedicht unter Buchen +++ Viola +++ Florian +++

+++ Tengo un nombre inocente, que me fue dado en la culpable post-guerra, en la eterna pre-guerra, en un cosmos de carpetitas al crochet +++ // Mi nombre es impoluto, no desflorado +++ Puedo llevarlo +++ A mí no me lo quitaron, a mí no me lo tacharon +++ // Nuestros nombres se encontrarán en un prado, en un poema entre Hayas +++ Viola +++ Florian +++
(c.c.)

SELBSTBILDNIS

ich kann lesen, ich kann
schreiben ich kann nieseln

meine Zungenklemme meine
Zungensperre meine Maulschraube

meine Augenkrume aus Salz und
Zucker, mein Traumzuckerchen

ich kann sitzen, meine persönlichen
Flöhe, meine Sitzhöcker

meine Mundart, balzend
meine Schluckaufe meine Vielstimmerei

mein Glühen mein Emporholen mein
Schwadronieren mein Ritt auf dem Delphin

mein Untertauchen mein Hervorschnellen

                                    für Elke Erb

AUTORRETRATO

sé leer, sé
escribir sé lloviznar

mi sujetador lingual mi
lengua trabada mi llave de boca

mi lagaña miga de sal y
azúcar, mi azuquita soñada

sé estar sentada, mis pulgas
personales, mis isquiones

mi habla, regodeándose,
mis hipos mi polifonería

mi arder mi alzarme mi
alardear mi cabalgata a lomo de delfín

mi sumergirme mi asaltar

para Elke Erb

+++ CRESTA ILÍACA // There was once una palma en la espalda // de tambor de tambo elástico // Los granitos intercorsos del hourglass // te dibujaban hablando // El blink cucarachil // de la sal en el ojal // Las letras que quedaban temblando +++

+++ DARMBEINKAMM // There was once eine Handfläche auf dem Rücken // der Trommel der elastischen Tonne // die intercorsierten Körnchen des hourglass // zeichneten dich sprechend // das kakerlakige Blinzeln // des Salzes im Auge // Die Buchstaben zitterten fort +++ (r.b.)

PORTRÄTS / RETRATOS
Juana Adcock

Hitherto I have siempre known
que soy un poco pacheca. Que I don't need nada
para tripearme e irme a otro planeta.
But I had always been so alerta,
so very capaz de nodear un poco la cabeza
open my eyes, y come back to reality.
Pero now I have
the turning streets, my heel tractioning the pedal, el olor a exotic
spices, the elbows of

–fire door, keep shut–

Cada vez que abro la boca para hablar, una Jennifer en inglés comes out, que no dice lo que quiero significar, aunque se asemeje, y que a falta de práctica y fluidez y precisión cannot delve ensayísticamente in what I have in mind. Los sounds se desjointean. Terminamos las dos hablando en haiku, pensando en Braille y sintiendo en Morse:

can I help
if you go through the door, to your right
and follow the signs to your room
ta
I don't need it to be like this
estoy feliz
food
would you like to book that?
text me and I'll say yes
bus number twelve or forty four
can I get
no worries
I have none
I need no

PORTRÄTS / RETRATOS
ÜBERTRAGEN VON / TRADUCIDO POR *Sarah Otter*

Hitherto I have immer known
dass ich ein wenig high bin. Dass I don't need nichts
um mich zu trippen und zu nem anderen Planeten zu schießen.
But I had always been so wachsam,
so very in der Lage mit dem Kopf zu nodden
open my eyes, und come back to reality.
Aber now I have
the turning streets, my heel tractioning the pedal, der Duft von exotic
spices, the elbows of

– fire door, keep shut –

Jedesmal, wenn ich meinen Mund zum Reden aufmache, comes eine Jennifer in Englisch out, die nicht das sagt, was ich bedeuten möchte, auch wenns nahe kommt und mangels Praxis, Fluss und Genauigkeit cannot delve essayistischerweise in what I have in mind. Die sounds disjointieren sich. Am Ende reden wir beide in Haiku, denken in Brailleschrift und fühlen in Morsezeichen:

can I help
if you go through the door, to your right
and follow the signs to your room
okee
I don't need it to be like this
bin glücklich
food
would you like to book that?
text me and I'll say yes
bus number twelve or forty four
can I get
no worries
I have none
I need no

+++ Willkommen, sister! +++ We are swimming in language: Glück, Glück, Glück. Glucksen +++

+++ ¡Bienvenida, sister! +++ We are swimming in language: Gozar, gozar, gozar. Gorgear. +++
(c.c.)

RAUMFAHRTEN / VIAJES ESPACIALES
Simone Kornappel

3 etagen raumanzug

von hier an: die offenen fächer im setzkasten mit ausblick
ins dickicht abgebrannter giraffen / etwas postidyllischem
gewäsch an bläue beim blabla erster ambulanter pärchen
noch vor der archivierung
                          das ist dabei
                                    wie ein knirschen
von gerüsten im rückgrat der trabantenstadt zum urbanen
tinnitus gehört die kakophonie aus highheels im hausflur
like a non-praying mantis in den nächsten stock zu tragen auf die terrasse
                                  \ hinaus wo rorschachveilchen
quite unsexy vor sich hin
                    domestizieren
                              im semperflorens
aus offsetantennen innen menschelts auch arg yuppisiert
you know *das ist bevor* die snackautomatenfunktion mich
per knopfdruck mal nach außen schraubt / u.u. zum lüften

RAUMFAHRTEN / VIAJES ESPACIALES
ÜBERTRAGEN VON / TRADUCIDO POR Carlos Capella

traje espacial de 3 pisos

a partir de aquí: los casilleros abiertos en la caja tipográfica con vista
a la espesura de quemadas girafas / algo de disparate
post-idílico a lo azulado en el blablá de las primeras parejitas ambulantes
aún antes del archivado
      que de paso es
         como un rechinar
de andamios en el espinazo de la ciudad satélite al acúfeno
urbano le corresponde la cacofonía de highheels en el zaguán
like *a non-praying mantis* llevada al próximo piso sacada a la terraza
         \donde violetas de rorschach
quite unsexy se domestican
      como si nada
         en el semperflorens
de las antenas offset también se humaniza adentro jodidamente
         \yuppiseado
you know *eso es antes* de que la función de expendedor de snacks
con sólo apretar una tecla me desenrosque finalmente hacia afuera
/ eventualmente para ventilar

RAUMFAHRTEN / VIAJES ESPACIALES
Telegramm / Telegrama Watson – – – Kornappel

+++ percibo critica, inconformidad, una necesidad de humanizar la vida diaria +++ lo cotidiano que pareciera vacío e innoble +++ La ciudad, el ser, algo que sobrepasa el hecho concreto de existir por existir a través de una experiencia consciente +++ Me gustó la cacofonía de los high heels ... el espinazo de la ciudad ... imágenes urbanas siento yo +++ Andira +++

+++ ich nehme Kritik wahr, Unbehagen, einen Drang, den Alltag menschlicher zu gestalten +++ das Alltägliche, das sonst zu leer und gewöhnlich wirkt +++ Die Stadt, das Dasein, etwas, das das konkrete Existieren um des Existierens willen dank bewusster Erfahrung übersteigt +++ Mir hat die Kakophonie der High Heels gefallen ... der Stachel der Stadt ... ich sehe Stadtbilder vor mir +++ Andira +++
(r.b.)

Saturday Night

Los sábados Managua hierve. Burbujean sus bares con parejas. Chavalas chillonas, viejos calientes, mujeres sofocadas, hombres hartos. Todos buscando quien quite hartazgo calentura y sofoque. Y en esas mismas noches, Managua es un eco. Una oscuridad nefasta. La ciudad gótica donde la soledad vagabundea, muerta de hambre. Apoya la pierna en una pared y es penetrada hasta los dientes por cualquier desconocido, quien también se la bebe de golpe. La muele a palos. Se la fuma y le pone hijos.

Saturday Night

Samstags kocht Managua. Die Bars brodeln vor Pärchen. Schwatzhafte Chicks, geile alte Säcke, abgekämpfte Frauen, überdrüssige Männer. Alle auf der Suche nach irgendwem als Abhilfe gegen Überdruss, Geilheit und Abgekämpftsein. Und just in diesen Nächten ist Managua ein stummes Echo. Ein heilloses Dunkel. Eine Gothic-City, durch die die Einsamkeit streift, halbtot vor Hunger. Stemmt ihr Bein an eine Hauswand und wird von irgendeinem Unbekannten bis an die Zähne penetriert, der sie auf ex trinkt, auch das. Sie stoßweise zermalmt. Sie aufraucht und ihr Kinder macht.

RAUMFAHRTEN / VIAJES ESPACIALES
Telegramm / Telegrama Kornappel --- Watson

+++ PARDON ET AL alternativ gewisse höflichkeitsformen an apathie geregeltes // wie muzak aus dem paternoster +++ dem schonraum +++ der natur +++ im heimteich // steht ein kranich +++ plaste +++ der köter bellt in fibonacci +++ & dort ja dort schwingt // eine schaukel leer im wind +++ ganz recht +++ hier ist längst niemand mehr +++ nur // die natur +++ viel ach im index +++ als griffe sich die leere wie ein bündel frisch // ersäufte kitten +++ veraltete technik +++ dieses surren im spannungskasten bleibt // ein demografisches geräusch +++ auch sonntags läuft „palabra de la mujer" // im radio +++ zahnschmerzen, ich habe wirklich zahnschmerzen +++ "AM I ALIVE? // fucks freud to death; sorry, wrong exit" +++

+++ PERDÓN Y DEMÁS alternativo ciertas formas de cortesía a la apatía // como muzak desde el ascensor +++ al espacio protector +++ a la naturaleza +++ en el estanque casero // hay una grulla +++ de plástico +++ el chucho ladra en fibonacci +++ & allá sí allá // un columpio se balencea vacío en el viento +++ está bien así +++ acá hace mucho que no hay nadie +++ sólo // está la naturaleza +++ mucho ay en el índice +++ como si el vacío se pudiera agarrar cual manojo de gatitos recién ahogados +++ una técnica anticuada +++ ese zumbido en la caja de fusibles queda // como un sonido demográfico +++ también los domingos emiten "palabra de la mujer" // en la radio +++ dolor de muela, relmente tengo dolor de muela. "AM I ALIVE? // fucks freud to death; sorry, wrong exit" +++
(r.b.)

LETZTE TELEGRAMME
ÚLTIMOS TELEGRAMAS

LETZTE TELEGRAMME / ÚLTIMOS TELEGRAMAS
Leben & Schreiben / Vidas y Escrituras

Juana Adcock +++ Monterrey, Mexiko 1982 +++ schreibt, übersetzt und macht Musik in Glasgow +++ ihre Gedichte wurden in Anthologien in Schottland, Schweden und Mexiko veröffentlicht +++ www.jennivora.blogspot.com +++

Juana Adcock +++ Monterrey, México 1982 +++ es poeta y traductora +++ además, hace música en Glasgow +++ su poesía ha sido antologada en Escocia, Suecia y México. www.jennivora.blogspot.com +++

Dominic Angeloch +++ lebt und arbeitet in Berlin +++ zahlreiche Veröffentlichungen in Literaturzeitschriften, Anthologien und Fachpresse +++ Buchpublikationen: *Blinder Passagier. Ein Roman in vier Erzählungen* (Verlagshaus J. Frank | Berlin 2008). *Trawler* (Verlagshaus J. Frank | Berlin 2010) +++

Dominic Angeloch +++ vive y trabaja en Berlín +++ entre su numerosas publicaciones se encuentran: *Blinder Passagier. Ein Roman in vier Erzählungen* (Verlagshaus J. Frank | Berlín 2008). *Trawler* (Verlagshaus J. Frank | Berlín 2010) +++

Bárbara Belloc +++ Buenos Aires +++ Dichterin, Übersetzerin, Herausgeberin und begeisterte Musikerin +++ 7 Gedichtbände +++ 4 wichtige Lyrik-Übersetzungen (Sappho, Gary Snyder, Chus Pato und Ana Cristina Cesar) +++ Prosa-Übersetzungen (Clarice Lispector, Waly Salomao) +++ 2 Platten elektronische Musik +++ neuer Lyrikband im Druck +++ nächste Platte in Arbeit +++

Bárbara Belloc +++ Buenos Aires +++ poeta, traductora, editora, música aficionada +++ 7 libros de poesía propia +++ 4 traducciones de poesía (Safo, Gary Snyder, Chus Pato, Ana Cristina Cesar) +++ 3 traducciones de prosa y ensayo (Clarice Lispector, Waly Salomao) +++ 2 EP de música electroacústica +++ Un nuevo libro de poesía en prensa +++ grabando otro disco +++

Ruth Johanna Benrath +++ 1966 +++ lebt in Berlin +++ veröffentlichte Lyrik und Kurzprosa u. a. im *Jahrbuch der Lyrik* +++ es folgten *Kehllaute* (Lunardi 2007), *Rosa Gott, wir loben dich* (Steidl 2009), *Wimpern aus Gras* (Suhrkamp 2011) +++ mehrfach Stipendien +++ Performances +++

Ruth Johanna Benrath +++ 1966 +++ vive en Berlín +++ publicó poesía y prosa breve, como por ejemplo en *Jahrbuch der Lyrik* +++ siguen las publicaciones *Kehllaute* (Lunardi 2007) y las novelas *Rosa Gott, wir loben dich* (Steidl 2009), *Wimpern aus Gras* (Suhrkamp 2011) +++ recibió varias becas +++ performances +++

Nora Bossong +++ 1982 +++ Dichterin und Erzählerin +++ ihre Gedichte wurden in zahlreichen Zeitschriften und Anthologien publiziert +++ sie veröffentlichte die Romane *Gegend* (2006) und *Webers Protokoll* (2009) ebenso wie den Gedichtband *Reglose Jagd* (2007) +++ sie erhielt verschiedene internationale Preise und Stipendien +++

Nora Bossong +++ 1982 +++ poeta y narradora +++ sus poemas han sido publicados en un gran número de revistas y antologías +++ es autora de las novelas *Gegend* (2006) y *Webers Protokoll* (2009), así como del poemario *Reglose Jagd* (2007) +++ Ha recibido diferentes premios y becas, nacionales e internacionales +++

Fabián Casas +++ Boedo, Buenos Aires 1965 +++ Verfasser von Prosa und Poesie (*Tuca*, 1990; *El Salmón*, 1996; *Oda*, 2003; *El spleen de Boedo*, 2003; der Roman *Ocio*, 2000) +++ und von Essays +++ Journalist ist er ebenso +++ 2007 Anna Seghers-Preis +++ in einige Sprachen übersetzt +++ blauer Gürtel in Karate +++ Wow +++

LETZTE TELEGRAMME / ÚLTIMOS TELEGRAMAS
LEBEN & SCHREIBEN / VIDAS Y ESCRITURAS

Fabián Casas +++ Boedo, Buenos Aires 1965 +++ autor de prosa y poesía (*Tuca*, 1990; *El Salmón*, 1996; *Oda*, 2003, *El spleen de Boedo*, 2003; la novela *Ocio* (2000) +++ y de ensayos +++ además es periodista +++ ganó en 2007 el premio Anna Seghers +++ está traducido a algunos idiomas +++ es cinturón azul de karate +++ chau +++

Luis Chaves +++ San José de Costa Rica 1969 +++ Schriftsteller und Übersetzer +++ Mitarbeit bei verschiedenen Medien, Herausgeber von Zeitschriften +++ seine Bücher erschienen in Costa Rica, Mexiko, Spanien und Argentinien: *Chan Marshall*, *El Mundial 2010 – apuntes* und *300 páginas* (seine „nicht autorisierte Autobiographie") +++ Blog: *www.luischaves.com* +++

Luis Chaves +++ San José de Costa Rica 1969 +++ escritor y traductor +++ ha colaborado con diferentes medios y ha sido editor de un par de revistas +++ ha publicado libros en Costa Rica, México, España y Argentina: *Chan Marshall*, *El Mundial 2010 – apuntes* y, más recientemente, *300 páginas* (una "autobiografía no autorizada") +++ Blog: *www.luischaves.com* +++

Benjamín Chávez +++ Santa Cruz, Bolivien 1971 +++ *Premio Nacional de Poesía 2006* für *Pequeña librería de viejo* ++ insgesamt 7 Lyrikbände (darunter *Y allá en lo alto un pedazo de cielo*, 2003, *Extramuros*, 2004) +++ außerdem: Kurzgeschichten +++ freier Mitarbeiter von Zeitschriften in Bolivien und anderswo +++ Leiter des *Festival Internacional de Poesía de Bolivia* +++ Mitherausgeber von *Cambio Climático. Panorama de la joven poesía boliviana* +++

Benjamín Chávez +++ Santa Cruz, Bolivia 1971 +++ *Premio Nacional de Poesía 2006* por su libro *Pequeña librería de viejo* ++ en total 7 libros de poesía (entre ellos *Y allá en lo alto un pedazo de cielo*, 2003, *Extramuros*, 2004) +++ además: relatos breves +++ colabora con diarios y revistas de Bolivia y el extranjero +++ director del *Festival Internacional de Poesía de Bolivia* +++ co-autor de *Cambio Climático. Panorama de la joven poesía boliviana* +++

Ann Cotten +++ Ames, Iowa, USA 1982 +++ Jugend in Wien +++ 2006 nach Berlin +++ 2007: der Gedichtband *Fremdwörterbuchsonette*; kurz darauf, 2008, *Nach der Welt. Listen in der konkreten Poesie* +++ außerdem die Elegie *Das Pferd* +++

Ann Cotten +++ Ames, Iowa, USA 1982 +++ juventud en Viena +++ en 2006 se trasladó a Berlín +++ en publica 2007 el poemario *Fremdwörterbuchsonette* +++ en 2008 sigue *Nach der Welt. Listen in der konkreten Poesie* +++ además la elegía *Das Pferd* +++

Roxana Crisólogo +++ Lima 1966 +++ Dichterin, Kultur-Aktivistin, Reisende +++ es liegen vor: die Gedichtbände *Abajo, sobre el cielo* (Lima, 1999 und 2005), *Animal del camino* (Lima, 2001) und *Ludy D* (Lima, 2006), *Trenes* (Mexiko 2010) +++ sowie Experimentelles (Poesie plus Video und Fotografie) +++

Roxana Crisólogo +++ Lima 1966 +++ poeta, activista cultural, viajera +++ ha publicado los poemarios *Abajo, sobre el cielo* (Lima, 1999 y 2005), *Animal del camino* (Lima, 2001) y *Ludy D* (Lima, 2006), *Trenes* (México 2010) +++ además: poesía experimental con vídeo y fotografía +++

Luis Felipe Fabre +++ Mexiko 1974 +++ Veröffentlichte den Essayband *Leyendo agujeros. Ensayos sobre (des) escritura, antiescritura y no escritura* (2005) +++ außerdem 2 Gedichtbände: *Cabaret Provenza* (2007) und *La sodomía en la Nueva España* (2010) +++ weiterhin die Anthologie *Divino Tesoro. Muestra de nueva poesía mexicana* (2008) +++ *The moon ain't nothing but a broken dish* liegt auf Englisch vor (2008) +++

LETZTE TELEGRAMME / ÚLTIMOS TELEGRAMAS
Leben & Schreiben / Vidas y Escrituras

Luis Felipe Fabre +++ México 1974 +++ ha publicado un volumen de ensayo, *Leyendo agujeros. Ensayos sobre (des)escritura, antiescritura y no escritura* (2005) +++ 2 poemarios: *Cabaret Provenza* (2007) y *La sodomía en la Nueva España* (2010) +++ es también autor de la antología *Divino Tesoro. Muestra de nueva poesía mexicana* (2008) +++ Achiote Press publicó *The moon ain't nothing but a broken dish* (2008), una selección de su poesía traducida al inglés +++

Angélica Freitas +++ Brasilien 1973 +++ ihr Gedichtband *Rilke Shake* (2007), wurde von Odile Kennel ins Deutsche übersetzt (Luxbooks 2011) ++ außerdem zu finden in den Anthologien: *Cuatro poetas recientes de Brasil* (Black&Vermelho, 2006), *Caos portátil* (2007) und *Poesía-añicos y sonares híbridos* (SuKuLTuR, 2007) +++ Mit-Herausgeberin der Zeitschrift *Modo de usar & co.* +++ Nochmal siehe: *revistamododeusar.blogspot.com* +++

Angélica Freitas +++ Brasil 1973 +++ su libro *Rilke Shake* (2007) fue traducido al alemán por Odile Kennel y publicado por Luxbooks en 2011 +++ además se encuentra en las antologías *Cuatro poetas recientes de Brasil* (Black&Vermelho, 2006), *Caos portátil* (2007) y *Poesía-añicos y sonares híbridos. Doce poetas latinoamericanos* (SuKuLTuR, 2007) +++ Co-editora de *Modo de usar & co* +++ véase otra vez: *revistamododeusar.blogspot.com* +++

Martín Gambarotta +++ Buenos Aires 1968 +++ hat *Punctum* (1996), *Seudo* (2000), *Relapso+Angola* (2005) publiziert +++ 2007, in Chile: *Refrito*, darin Gedichte aus *Seudo, Relapso+Angola* und einige unveröffentlichte Texte +++ 2011 erscheint *Para un plan Primavera* +++ siehe außerdem, von ihm herausgegeben: *www.poesia.com* +++

Martín Gambarotta +++ Buenos Aires 1968 +++ publicó *Punctum* (1996), *Seudo* (2000), *Relapso+Angola* (2005) +++ En 2007 se publica en Chile *Refrito*, un libro compuesto con material de *Seudo, Relapso+Angola* y algunos textos inéditos +++ en 2011 se edita la plaqueta *Para un plan Primavera* +++ Fue editor de *www.poesia.com* +++

Marília García +++ Rio de Janeiro 1979 +++ wo sie bis heute lebt +++ Autorin des Buches *20 poemas para o seu walkman* (2007) und Mitherausgeberin der Zeitschrift *Modo de usar & co* +++ siehe *revistamododeusar.blogspot.com* +++

Marília García +++ Rio de Janeiro 1979 +++ donde vive hasta hoy +++ es autora del libro *20 poemas para o seu walkman* (2007) y coedita la revista *Modo de usar & co* +++ véase *revistamododeusar.blogspot.com* +++

Nora-Eugenie Gomringer +++ 1980 +++ Schweizerin und Deutsche +++ schreibt Lyrik und liest sie laut vor +++ dafür hat sie 2011 u.a. den *Kulturpreis Deutsche Sprache* erhalten und die *Kieler Poetikdozentur* +++ Neben der Lyrik sind ihr das Radio und alle Erweiterungsformen der Literatur wichtig +++ Mehr? *www.nora-gomringer.de* +++

Nora-Eugenie Gomringer +++ 1980 +++ suiza/alemana +++ escribe poesía y la lee en voz alta ante público +++ esto le trajo entre otras cosas el premio *Kulturpreis Deutsche Sprache* y una cátedra en Kiel (*Kieler Poetikdozentur*) +++ además trabaja con la radio y otros medios poéticos +++ ¿Más? *www.nora-gomringer.de* +++

Yanko González +++ Chile 1971 +++ Dichter und Anthropologe +++ Veröffentlichte unter anderem *Metales Pesados* (1998); *Héroes Civiles & Santos Laicos* (1999; Interviews mit chilenischen Schriftstellern) und *Zurdos. Última Poesía Latinoamericana* (2005, hg. mit Pedro Araya) +++ Publikationen auch in hispanoamerikanischen und spanischen Zeitschriften und Anthologien +++ der Gedichtband *Alto Volta* (2007) erhielt 2008 einen wichtigen Preis (*Premio de la Crítica*) +++

LETZTE TELEGRAMME / ÚLTIMOS TELEGRAMAS
LEBEN & SCHREIBEN / VIDAS Y ESCRITURAS

Yanko González +++ Chile 1971 +++ poeta y antropólogo +++ entre sus libros se cuentan *Metales Pesados* (1998), *Héroes Civiles & Santos Laicos* (1999; trece entrevistas a escritores chilenos), *Zurdos*, *Última Poesía Latinoamericana* (2005, una antología en coautoría con Pedro Araya) +++ su obra ha sido antologada en numerosas publicaciones de poesía chilena e hispanoamericana +++ en 2008 recibió el *Premio de la Crítica* por su poemario *Alto Volta* (2007) +++

Harriet Grabow +++ 1972 +++ Dichterin +++ Kommunikationswissenschaftlerin, Soziologin und Amerikanistin +++ wuchs im Umfeld der dänischen Minderheit in Sydslesvig (Deutschland) auf +++ lebt zurzeit in Kopenhagen und Hamburg +++ *Hamburger Förderpreis für Literatur* +++ hat in verschiedenen Zeitschriften und Anthologien veröffentlicht +++

Harriet Grabow +++ 1972 +++ poeta +++ estudió Ciencias de la Comunicación, Sociología y Estudios Americanistas +++ creció en el ámbito de la minoría danesa en Sydslesvig (Alemania) +++ actualmente vive en Copenhague y Hamburgo +++ galardonada con el premio *Hamburger Förderpreis für Literatur* +++ Cuenta con diversas publicaciones en revistas y antologías +++

Julián Herbert +++ Acapulco, Mexiko 1971 +++ ist Verfasser von 4 Gedichtbänden, 2 Romanen, einer Sammlung von Essays, einer Reihe Poetryfilme +++ ab und zu macht er Musik +++ sein jüngstes Buch, *Canción de tumba*, wurde in Spanien mit dem *Premio Jaén de Novela* 2011 ausgezeichnet +++

Julián Herbert +++ Acapulco, México 1971 +++ es autor de 4 libros de poemas, 2 novelas, una colección de cuentos, una colección de videopoemas y otra de ensayos +++ ocasionalmente es también músico +++ su libro más reciente es *Canción de tumba*, con el que obtuvo en España el *Premio Jaén de Novela* 2011 +++

Carolina Jobbágy +++ Buenos Aires 1975 +++ lebt in Barcelona +++ 2002 veröffentlichte sie den Gedichtband *Tabla Periódica*, Buenos Aires (ausgezeichnet mit *La voz + joven* der *Obra Social Caja Madrid*) +++ Gedichte von ihr erschienen außerdem in mehreren Anthologien und Publikationen in Lateinamerika und Europa +++

Carolina Jobbágy +++ Buenos Aires 1975 +++ vive en Barcelona +++ en 2002 publica su poemario *Tabla Periódica*, Buenos Aires (galardonado con *La voz + joven* de la *Obra Social Caja Madrid*) +++ sus poemas salieron además en antologías y revistas en Latinoamérica y Europa+++

Adrian Kasnitz +++ 1974 +++ Studium der Geschichte und Literaturwissenschaft in Köln und Prag +++ Lebt als Schriftsteller und Herausgeber (*Edition parasitenpresse*) in Köln und hat was gegen die Kammerjäger der Poesie +++ letzte Veröffentlichung: *Schrumpfende Städte* (Luxbooks, Wiesbaden 2011) +++

Adrian Kasnitz +++ 1974 +++ es autor de prosa y poesía +++ como conductor de la *editorial parasitenpresse* (Colonia) tiene algo en contra de los fumigadores de la poesía +++ su última publicación: *Schrumpfende Städte* (Luxbooks, Wiesbaden 2011) +++

Odile Kennel +++ 1967 +++ Kind einer deutsch-französischen Jumelage +++ lebt in Berlin +++ arbeitet als Autorin und Übersetzerin aus dem Französischen, Portugiesischen, Spanischen (hat Angélica Freitas ins Deutsche übertragen) +++ sie veröffentlichte *Wimpernflug – eine atemlose Erzählung* (2000) und den Roman *Was Ida sagt* (2001, dtv premium) +++

LETZTE TELEGRAMME / ÚLTIMOS TELEGRAMAS
Leben & Schreiben / Vidas y Escrituras

Odile Kennel +++ 1967 +++ nacida de un jumelage franco-alemán +++ reside en Berlín como autora y traductora del francés, portugués y español (es traductora de Angélica Freitas al alemán)+++ ha publicado la novela corta *Wimpernflug – eine atemlose Erzählung* (2000) y la novela *Was Ida sagt* (2001, dtv premium) +++

Simone Kornappel +++ Bonn 1978 +++ Mitherausgeberin von *Randnummer-Literaturhefte* (www.randnummer.org) +++

Simone Kornappel +++ Bonn 1978 +++ co-editora de *Randnummer-Literaturhefte* (www.randnummer.org) +++

Norbert Lange +++ Polen 1978 +++ Studium in Berlin und Leipzig +++ Veröffentlichungen in Zeitschriften und Anthologien +++ eigene Publikation: *Rauhfasern*, Lyrikedition 2000, 2005 +++ mehrfach Aufenthaltsstipendien +++ Redakteur bei *radar* – und Moderator des kollektiven Schreibprojekts *eMultipoetry* +++

Norbert Lange +++ Polonia 1978 +++ estudió en Berlín y Leipzig +++ publica en revistas y antologías +++ y su poemario *Rauhfasern*, Lyrikedition 2000, 2005 +++ recibe varias becas +++ redactor de *radar* – y moderador del proyecto de escritura colectiva *eMultipoetry* +++

Swantje Lichtenstein ++ lebt in Köln/Düsseldorf +++ arbeitet künstlerisch mit Text und Ton +++ 3 Gedichtbände sowie Theorie und andere Texte in Zeitschriften und Anthologien +++ diverse Stipendien und Preise, jüngst ein Stipendium der Stadt Köln für ein halbes Jahr Istanbul +++ letzte Publikation: *Entlang der lebendigen Linie. Sexophismen*, Wien 2010 +++

Swantje Lichtenstein +++ vive en Colonia/Düsseldorf +++ trabaja con texto y tono +++ publicó 3 poemarios tanto como teoría y otros textos en revistas y antologías +++ obtuvo becas y premios, como por ejemplo una residencia en Estambúl +++ su última publicación: *Entlang der lebendigen Linie. Sexophismen*, Viena 2010 +++

Johanna Melzow +++ 1979 +++ lebte einige Zeit in den USA +++ veröffentlicht ihre Lyrik in der *Belletristik. Zeitschrift für Literatur und Illustration* +++ ihr Debüt, der Gedichtband *Flügellose Morgen* erschien 2010 im Verlagshaus J. Frank | Berlin +++

Johanna Melzow +++ 1979 +++ vivió un buen tiempo en EE.UU. +++ publica su poesía en *Belletristik. Zeitschrift für Literatur und Illustration* +++ su debut, el poemario *Flügellose Morgen* salió 2010 en la editorial Verlagshaus J. Frank | Berlin.

Jinn Poggy +++ Berlin 1973 +++ seit 2009 Veröffentlichungen in Literaturzeitschriften +++ 2008–2011 Redakteurin und Mitherausgeberin der Berliner Zeitschrift für Lyrik und Prosa *lauter niemand* +++ Lyrik-Debüt 2011 im Verlagshaus J. Frank | Berlin +++ *www.lostinpostpoetry.wordpress.com* +++

Jinn Poggy +++ Berlín 1973 +++ desde 2009 publica en revistas de poesía +++ de 2008 a 2011 redactora y co-editora de la revista de prosa y poesía *lauter niemand* +++ debut de poesía en 2011 en la editorial Verlagshaus J. Frank | Berlin +++ *www.lostinpostpoetry.wordpress.com* +++

Paúl Puma +++ Quito 1972 +++ Dichter, Journalist, Dramaturg, Drehbuchautor und Herausgeber +++ er veröffentlichte unter anderem das Theaterstück *El Pato Donald tiene Sida o cómo elegir los instrumentos de la desesperación* (1996) und den Gedichtband *Eloy Alfaro Híper Star* (2001) +++ für *Felipe Guamán Poma de Ayala* (2002) erhielt er den *Premio Nacional de Literatura "Aurelio Espinosa Pólit"* +++ vor kurzem erschien seine *Antología Personal* +++

LETZTE TELEGRAMME / ÚLTIMOS TELEGRAMAS
Leben & Schreiben / Vidas y Escrituras

Paúl Puma +++ Quito 1972 +++ poeta, periodista, dramaturgo, guionista y editor +++ sus publicaciones incluyen la obra de teatro *El Pato Donald tiene Sida o cómo elegir los instrumentos de la desesperación* (1996) y los poemarios *Eloy Alfaro Híper Star* (2001) +++ *Felipe Guamán Poma de Ayala* (2002) ganó el Premio Nacional de Literatura "Aurelio Espinosa Pólit" (Ecuador) +++ Hace poco editó su *Antología Personal* +++

Sergio Raimondi +++ Bahía Blanca, Argentinien 1968 +++ unterrichtet zeitgenössische Literatur an der Universidad Nacional del Sur +++ ist Direktor des Museo del Puerto von Ing. White (Argentinien) +++ Veröffentlichungen: *Catulito* (1999) und *Poesía civil* (2001) +++ 2007 erhielt er für sein derzeitiges Projekt *Para un diccionario crítico de la lengua* das Guggenheim-Stipendium +++

Sergio Raimondi +++ Bahía Blanca, Argentina 1968 +++ profesor de Literatura Contemporánea en la Universidad Nacional del Sur +++ y director del Museo del Puerto de Ing. White +++ ha publicado *Catulito* (1999) y *Poesía civil* (2001) +++ En 2007 recibió la beca Guggenheim por su proyecto *Para un diccionario crítico de la lengua*, aún en elaboración +++

Monika Rinck +++ Zweibrücken 1969 +++ lebt in Berlin +++ Zuletzt: PARA-Riding (mit Christian Filips) als roughbook 015, HELM AUS PHLOX (mit Ann Cotten, Daniel Falb, Hendrik Jackson, Steffen Popp) im Merve Verlag +++ im Frühjahr 2012 erscheint ihr neuer Lyrikband HONIGPROTOKOLLE bei kookbooks +++ Kooperation mit Musikern und Komponisten +++ von Zeit zu Zeit: Lehre +++

Monika Rinck +++ Zweibrücken 1969 +++ vive en Berlín +++ publicaciones recientes: PARA-Riding (mit Christian Filips), como roughbook 015, HELM AUS PHLOX (con Ann Cotten, Daniel Falb, Hendrik Jackson, Steffen Popp) en la editorial Merve +++ en 2012 se publica su nuevo poemario HONIGPROTOKOLLE, en kookbooks +++ coopera con músicos y compositores +++ de vez en cuando, da clases +++

Pablo Thiago Rocca +++ Montevideo, Uruguay 1965 +++ Schriftsteller, Forscher und Kunstkritiker +++ ausgezeichnet mit dem *Premio Municipal de Poesía* (Montevideo) und dem *Premio Nacional de Ensayo de Arte* +++ zurzeit leitet er das *Museum Figari* +++ lebt mit seiner Frau, drei Töchtern, zwei Katzen und einer Hündin zusammen +++ in der Freizeit züchtet er Bohnen +++

Pablo Thiago Rocca +++ Montevideo, Uruguay 1965 +++ escritor, investigador, crítico de arte +++ ha recibido el *Premio Municipal de Poesía* (Montevideo) y el *Premio Nacional de Ensayo de Arte* +++ actualmente dirige el *Museo Figari* +++ vive con su mujer, tres hijas, dos gatos y una perra +++ en su tiempo libre cultiva un huerto de habas +++

Mayra Santos-Febres +++ Puerto Rico 1966 +++ ist Dichterin, Essayistin und Erzählerin +++ von der Unesco ausgezeichnet, Guggenheim-Stipendiatin +++ der Zeitung El País zufolge gehört sie zu den 100 einflussreichsten iberoamerikanischen Schriftstellerinnen des Jahres 2010 +++ ihr Roman *Sirena Selena vestida de pena* war Finalist beim *Premio Internacional de Novela Rómulo Gallegos* 2001 und wurde in verschiedene Sprachen übersetzt +++

Mayra Santos-Febres +++ Puerto Rico 1966 +++ poeta, ensayista y narradora +++ vive en Puerto Rico +++ Ha sido galardonada por la Unesco y becada por la *Fundación Guggenheim* +++ según El País, fue una de las 100 iberoamericanas más influyentes del 2010 +++ su novela *Sirena Selena vestida de pena* (finalista del *Premio Internacional de Novela Rómulo Gallegos* en 2001) ha sido traducida a varias lenguas +++

LETZTE TELEGRAMME / ÚLTIMOS TELEGRAMAS
Leben & Schreiben / Vidas y Escrituras

Rocío Silva Santisteban +++ Lima 1963 +++ veröffentlichte 6 Gedichtbände, zuletzt *Las Hijas del Terror* (2007) +++ 1 Erzählband, außerdem Essays +++ Promotion in Literaturwissenschaft an der Boston University +++ derzeit Direktorin der Nationalen Koordinationsstelle für Menschenrechte in Peru +++

Rocío Silva Santisteban +++ Lima 1963 +++ ha publicado 6 libros de poesía +++ el último es: *Las Hijas del Terror* (2007) +++ además, 1 libro de cuentos y varios de ensayos +++ es doctora en Literatura por la Universidad de Boston +++ y actualmente es directora de la Coordinadora Nacional de Derechos Humanos de Perú +++

Silke Scheuermann +++ 1973 +++ Dichterin, Erzählerin und Literaturkritikerin +++ Debüt im Jahr 2001 mit dem Lyrikband *Der Tag an dem die Möwen zweistimmig sangen* +++ es folgen Romane +++ vielfach Stipendien und Preise, darunter: *Leonce-und-Lena-Preis* +++

Silke Scheuermann +++ 1973 +++ poeta, narradora y crítica literaria +++ debut en 2001, con el poemario *Der Tag an dem die Möwen zweistimmig sangen* +++ siguen novelas +++ numerosas becas y varios premios, como por ejemplo el *Leonce-und-Lena-Preis* +++

Tom Schulz +++ 1970, aufgewachsen in Ostberlin ++ lebt in Berlin +++ freier Autor und Dozent für kreatives Schreiben +++ Lyrik, Prosa, Übertragungen und Herausgaben +++ zuletzt: *Kanon vor dem Verschwinden*, 2009; *Liebe die Stare*, 2011 (Verlagshaus J. Frank | Berlin) +++

Tom Schulz +++ 1970, se crió en Berlín Oriental ++ vive en Berlín +++ escritor y docente de escritura creativa +++ poesía, prosa, traducciones, ediciones +++ sus últimas publicaciones: *Kanon vor dem Verschwinden*, 2009; *Liebe die Stare*, 2011 (Verlagshaus J. Frank | Berlin) +++

Verónica Viola Fisher +++ Argentinien 1974 +++ Dichterin +++ ihr letztes Buch: *Notas para un agitador*, Santiago de Chile, La Calabaza del Diablo, 2008 +++ außerdem: *Hacer sapito* (1995, 2005), *A boca de jarro* (2003) und *Arveja negra* (2005) +++

Verónica Viola Fisher +++ Argentina 1974 +++ poeta +++ su último libro: *Notas para un agitador*, Santiago de Chile, La Calabaza del Diablo, 2008 +++ Además: *Hacer sapito* (1995, 2005), *A boca de jarro* (2003) y *Arveja negra* (2005) +++

Mikael Vogel +++ Bad Säckingen 1975 +++ lebt in Berlin +++ erste Prosa: *Seelensturm* +++ weitere Prosaarbeiten +++ dann fast ausnahmslos Gedichte +++ 2002 *Hermann-Lenz-Stipendium* +++ Lyrikübersetzungen, aus dem Englischen +++ Sein Debüt *Massenhaft Tiere*: 2011 im Verlagshaus J. Frank | Berlin +++

Mikael Vogel +++ Bad Säckingen 1975 +++ vive en Berlín +++ su primer trabajo de prosa: *Seelensturm* +++ siguen otros +++ después pura poesía +++ en 2002 la beca *Hermann-Lenz* +++ Traduce poesía del inglés +++ su debut, el poemario *Massenhaft Tiere* salió en 2011 en la editorial Verlagshaus J. Frank | Berlin +++

Florian Voß +++ Lüneburg 1970 +++ lebt in Berlin +++ Gedichtveröffentlichungen in verschiedenen Zeitschriften – und Anthologien, etwa: *Lyrik von Jetzt* (DuMont 2003), *small talk im holozän* (Schwartzkopf Buchwerke 2005), *Der große Conrady* (Artemis & Winkler 2008) +++ Einzelveröffentlichungen: *Das Rauschen am Ende des Farbfilms, Schattenbildwerfer,* (Lyrikedition 2000, München 2007) +++ der Roman *Bitterstoffe* (Rotbuch Verlag, Berlin 2009) +++ zuletzt: *Datenschatten, Datenströme, Staub* (Verlagshaus J. Frank | Berlin 2011) +++

LETZTE TELEGRAMME / ÚLTIMOS TELEGRAMAS
LEBEN & SCHREIBEN / VIDAS Y ESCRITURAS

Florian Voß +++ Lüneburg 1970 +++ vive en Berlín +++ publicación de poesía en numerosas revistas – y en antologías, como: *Lyrik von Jetzt* (DuMont 2003), *small talk im holozän* (Schwartzkopf Buchwerke 2005), *Der große Conrady* (Artemis & Winkler 2008) +++ libros propios: *Das Rauschen am Ende des Farbfilms*, *Schattenbildwerfer*, (Lyrikedition 2000, Munich 2007) +++ la novela *Bitterstoffe* (Rotbuch Verlag, Berlin 2009) +++ y recién: *Datenschatten, Datenströme, Staub* (Verlagshaus J. Frank | Berlin 2011) +++

Jan Wagner +++ Hamburg 1971 +++ lebt in Berlin +++ Lyriker +++ und Übersetzer englischsprachiger Lyrik +++ Veröffentlichungen u.a. *Probebohrung im Himmel* (2001), *Guerickes Sperling* (2004), *Achtzehn Pasteten* (2007), *Australien* (2010) +++

Jan Wagner +++ Hamburgo 1971 +++ vive en Berlín +++ poeta +++ y traductor de poesía escrita en inglés +++ publicaciones, entre otras: *Probebohrung im Himmel* (2001), *Guerickes Sperling* (2004), *Achtzehn Pasteten* (2007), *Australien* (2010) +++

Andira Watson +++ Nicaragua, Karibikküste 1977 +++ Dichterin und Schauspielerin +++ *En la casa de Ana los árboles no tienen la culpa* wurde mit dem Premio Nacional de Poesía 'Mariana Sansón 2009' des Nicaraguensischen Schriftstellerinnenverbandes (ANIDE) ausgezeichnet +++ Veröffentlichungen in zahlreichen Zeitschriften +++

Andira Watson +++ Costa Caribe de Nicaragua 1977 +++ poeta y actríz dramática +++ Premio Nacional de Poesía 'Mariana Sansón 2009' por la Asociación Nicaragüense de Escritoras ANIDE por *En la casa de Ana los árboles no tienen la culpa* +++ publicaciones en numerosas revistas +++

Uljana Wolf +++ Lyrikerin und Übersetzerin +++ Berlin und New York +++ *kochanie ich habe brot gekauft*, kookbooks 2005 +++ *falsche freunde*, kookbooks 2009 +++ Übersetzungen von Harvey, Ostashevsky, Hawkey, Swensen +++ *Jahrbuch der Lyrik 2009* +++

Uljana Wolf +++ poeta y traductora +++ Berlín y Nueva York +++ *kochanie ich habe brot gekauft*, kookbooks 2005 +++ *falsche freunde*, kookbooks 2009 +++ tradujo a Harvey, Ostashevsky, Hawkey, Swensen +++ *Jahrbuch der Lyrik 2009* +++

DIE HERAUSGEBERINNEN / LAS EDITORAS

Rike Bolte +++ Kassel 1971 +++ aufgewachsen in Spanien, lange Aufenthalte in Argentinien +++ wissenschaftliche Mitarbeiterin an der *Humboldt-Universität zu Berlin* +++ Übersetzerin +++ Leiterin der Latinale (latinale.blogsport.eu) +++ Herausgeberin einer großen Anzahl von Anthologien lateinamerikanischer Poesie und Prosa +++

Rike Bolte +++ Kassel 1971 +++ se crió en España, vivió en Argentina +++ docente en la *Universidad Humboldt de Berlín* +++ traductora +++ directora de Latinale, el festival móvil de poesía latinoamericana (latinale.blogsport.eu) +++ editora de numerosas antologías de poesía y prosa latinoamericana +++

Ulrike Prinz +++ München 1961 +++ Ethnologin +++ von 2001–2004 lehrte sie an der *Ludwig-Maximilians-Universität München* lateinamerikanische Themen +++ 2004–2006 am *Goethe-Institut München* +++ Seit Oktober 2007 ist sie verantwortliche Redakteurin der Zeitschrift *Humboldt* +++

Ulrike Prinz +++ Múnich 1961 +++ etnóloga +++ desde 2001 hasta 2004, impartió clases sobre temas latinoamericanos en la *Universidad Ludwig Maximilians de Múnich* +++ de 2004 a 2006 trabajó en el *Instituto Goethe de Múnich* +++ desde octubre de 2007, es corresponsable de la redacción de la revista *Humboldt* +++

GLOSSAR
GLOSARIO

GLOSSAR / GLOSARIO
Quellen, Copyrights & Co. / Fuentes, Copyrights & Co.

GLOSSAR / GLOSARIO
Quellen, Copyrights & Co. / Fuentes, Copyrights & Co.

TRANSVERSALIA wurde von Rike Bolte für und mit der Zeitschrift *Humboldt* entwickelt und dort von Ulrike Prinz betreut. Folgende Tandems erschienen in der Printversion von *Humboldt*

TRANSVERSALIA fue desarrollado por Rike Bolte para y con la revista *Humdboldt*, atendido ahí por Ulrike Prinz. Los siguientes tándems aparecieron en la versión print de *Humdboldt*:

+++ Adrian Kasnitz + Fabián Casas // Ann Cotten + Roxana Crisólogo // Odile Kennel + Angélica Freitas // Nora-Eugenie Gomringer + Carolina Jobbágy // Nora Bossong + Luis Felipe Fabre // Harriet Grabow + Paúl Puma / Monika Rinck + Yanko González // Jinn Pogy + Mayra Santos-Febres +++

Herausgegeben von / Editado por: Rike Bolte (künstlerische und redaktionelle Leitung) und Ulrike Prinz

COPYRIGHTS

Gedichte / Poemas: +++ Juana Adcock +++ Dominic Angeloch +++ Bárbara Belloc +++ Ruth Johanna Benrath +++ Nora Bossong +++ Fabián Casas +++ Luis Chaves +++ Benjamín Chávez +++ Ann Cotten +++ Roxana Crisólogo +++ Luis Felipe Fabre +++ Martín Gambarotta +++ Marília García +++ Nora-Eugenie Gomringer +++ Julián Herbert +++ Angélica Freitas +++ Nora-Eugenie Gomringer +++ Yanko González +++ Harriet Grabow +++ Adrian Kasnitz +++ Simone Kornappel +++ Norbert Lange +++ Swantje Lichtenstein +++ Johanna Melzow +++ Odile Kennel +++ Carolina Jobbágy +++ Jinn Pogy +++ Paúl Puma +++ Sergio Raimondi +++ Pablo Thiago Rocca +++ Monika Rinck +++ Rocío Silva Santisteban +++ Silke Scheuermann +++ Tom Schulz +++ Verónica Viola Fisher +++ Mikael Vogel +++ Florian Voss +++ Jan Wagner +++ Andira Watson +++ Uljana Wolf +++

Das Gedicht von Ann Cotten wurde mit freundlicher Genehmigung des Suhrkamp-Verlags abgedruckt.
El poema de Ann Cotten fue reproducido gracias a la gentileza del Suhrkamp-Verlag.

Das Gedicht von Jan Wagner wurde mit freundlicher Genehmigung des Berlin-Verlags abgedruckt.
El poema de Jan Wagner fue reproducido gracias a la gentileza del Berlin-Verlag.

Übersetzungen der Gedichte / Traducciones de los poemas: +++ Timo Berger +++ Rike Bolte +++ Gabriel Caballeros +++ Carlos Capella +++ Julio Carrasco +++ Diana Carrizosa +++ Silvana Franzetti +++ Vladimir García Morales +++ Odile Kennel +++ Rery Maldonado +++ Juan Morello +++ Sarah Otter +++ Ulrike Prinz +++ Claudia Wente +++ Schreibwerkstatt des Lateinamerika-Institut Berlins /// Taller de escritura del Instituto de Estudios Latinoamericanos de Berlín +++

Übersetzungen der Telegramme ins Deutsche / Traducciones de los telegramas al alemán:
Rike Bolte (r.b.); für / para Marília García: Ulrike Prinz (u.p.)

Übersetzungen der Telegramme ins Spanische / Traducciones de los telegramas al castellano:
Rike Bolte (r.b.) + Carlos Capella (c.c.)

GLOSSAR / GLOSARIO
Quellen, Copyrights & Co. / Fuentes, Copyrights & Co.

Pogo // Fabián Casas
AUS / DE El Salmón, Tierra Firme, Buenos Aires 1996

Joghurt // Ann Cotten
AUS / DE Florida-Räume, Frankfurt am Main 2010
MIT FREUNDLICHER GENEHMIGUNG DES Suhrkamp-Verlags / GENTILEZA DE LA Editorial Suhrkamp

Camposanto // Roxana Crisólogo
AUS / DE Abajo, sobre el cielo, Hipocampo Editores, Lima 1999

Bett // Nora-Eugenie Gomringer
AUS / DE Klimaforschung, Voland & Quist, Leipzig 2008

Ziegenmelker // Nora Bossong
AUS / DE Reglose Jagd, zu Klampen Verlag, Springe 2007
AUCH PULIZIERT IN / TAMBIÉN PUBLICADO EN Luces intermitentes,
HG. VON / ED. POR Timo Berger + Carlos Vicente Castro, Paraíso Perdido, Guadalajara 2009

Bestiario político // Luis Felipe Fabre
AUS / DE Cabaret Provenza, Fondo de Cultura Económica, México D.F. 2007

Felipe Guamán Poma de Ayala (fragmento) // Paúl Puma
AUS / DE Felipe Woman Poma de Ayala, Editorial Planeta Quito, 2002

Vom fehlen der pferde // Monika Rinck
AUS / DE Helle Verwirrung. Rincks Ding- und Tierleben, KOOKbooks, Berlin 2009

Palenquita, Palenquita // Jinn Pogy
AUS / DE Poetmag 09, Leipzig 2010.
ERSCHEINT DEMNÄCHST AUSSERDEM IN // DE PRÓXIMA APARICIÓN EN
Golems Totems, Verlagshaus J. Frank | Berlin

ah mi morenita cae / Mayra Santos-Febres
FRAGMENT AUS / FRAGMENTO DE: Boat people, Ediciones Callejón, Puerto Rico 2005

Hoy Cocina Matsuo Basho // Sergio Raimondi
AUS / DE Poesía Civil, Vox, Bahía Blanca und Buenos Aires, 2001
PUBLIZIERT IN / PUBLICADO EN Zivilpoesie, Wissenschaftlicher Verlag, Berlin 2005

an die kreisauer hunde // Uljana Wolf
AUS / DE kochanie ich habe brot gekauft, KOOKbooks, Idstein 2005
PUBLIZIERT IN / PUBLICADO EN Fronteras del lenguaje. Antología (2005–2011),
HG. VON / ED. POR Vladimir García Morales, La Bella Varsovia, Colección Cosmopoética, Córdoba 2011

Idilio // Bárbara Belloc
AUS / DE Ambición de las flores, tsé-tsé, Buenos Aires 1997

GLOSSAR / GLOSARIO
Quellen, Copyrights & Co. / Fuentes, Copyrights & Co.

Minimal // Benjamín Chávez
AUS / DE Pequeña librería de viejo, Plural, La Paz 2007

Schizoide Gedichte für eine alte schizoide Liebe // Mikael Vogel
ERSTMALIG ERSCHIENEN IN / PUBLICADO POR PRIMERA VEZ EN Wespennest 160 / Mai 2011

Cuando se corta // Martín Gambarotta
AUS / DE Relapso+Angola, Vox, Bahía Blanca und Buenos Aires 2005

Grafitti (I) // Julián Herbert
AUS / DE El nombre de esta casa, Fondo Editorial Tierra Adentro, México D.F. 1999

SELBSTBILDNIS // Ruth Johanna Benrath
AUS / DE Jahrbuch der Lyrik 2009, Fischer Verlag, Frankfurt am Main

Hitherto // Juana Adcock
AUS / DE Scräp Poesi 2. Poesía latinoamericana escrita por mujeres, POESIAconC, Malmö 2009

En otro idioma mi primer apellido es un color // Verónica Viola Fisher
AUS / DE Hacer sapito, Nusud, Buenos Aires 1995
AUCH PULIZIERT IN / TAMBIÉN PUBLICADO EN Neue argentinische Dichtung,
HG. VON / ED. POR Timo Berger, LUXbooks, Wiesbaden 2010

Saturday Night // Andira Watson
AUS / DE En casa de Ana los árboles no tienen la culpa, Sello editorial Colección ANIDE, Managua 2009

Alle hier nicht aufgeführten Gedichte sind bislang unveröffentlicht oder wurden für die Transversalia in Humboldt geschrieben bzw. dieser zur Verfügung gestellt

Los poemas aquí no mencionados o son inéditos hasta ahora o fueron escritos para Transversalia en Humboldt, o publicados allí mismo

DIE VERÖFFENTLICHUNG DIESES BUCHS WURDE GEFÖRDERT UND UNTERSTÜTZT VON:
Litrix.de, einem Projekt des Goethe-Instituts sowie der Deutschen Botschaft in Mexiko

ESTE LIBRO FUE PUBLICADO CON EL APOYO Y CON FONDOS DE:
Litrix.de, un proyecto del Instituto Goethe y la Embajada de Alemania en México

Centro Alemán de Información

Botschaft
der Bundesrepublik Deutschland
Mexiko-Stadt

Embajada
de la República Federal de Alemania
Ciudad de México

BESONDERER DANK GILT / AGRADECIMIENTOS ESPECIALES A
Tanja Hutt, Christian Kahnt und *Isabel Rith-Magni.*